Ruth-Esther Geiger, 1950 geboren; 1978 Abschluß des Literatur- und Soziologiestudiums, seitdem Autorin für Funk, Fernsehen und Verlage. Lebt in Hamburg in einer Wohngemeinschaft.

Mitherausgeberin und -autorin von: «Frauen, die pfeifen» (1978; «Sind das noch Damen?» (1981); «Der Ernst des Lebens» (1982) und «Nicht friedlich und nicht still» (1982). Autorin von: «Wenn die Liebe losgeht. Erinnerungen an ‹das erste Mal›» (panther-Band 5720) 1986.

Ruth-Esther Geiger

Eine, die mich wirklich kennt

Freundinnen

rororo

Rowohlt

rororo panther
herausgegeben von Jutta Lieck
und Eberhard Naumann

21.–24. Tausend Dezember 1986

Originalausgabe
Veröffentlicht im Rowohlt Taschenbuch Verlag GmbH,
Reinbek bei Hamburg, Juni 1984

Umschlagentwurf Dieter Wiesmüller
Gesetzt aus der Baskerville (Linotron 202)
Gesamtherstellung Clausen & Bosse, Leck
Printed in Germany
880-ISBN 3 499 15369 6

Für dieses Buch wurden zwei verschiedene Faltbeilagen gedruckt: ein Foto-Poster und ein Cartoon-Poster von Franziska Becker. In jedem Buch finden Sie eins dieser Poster.

Foto-Poster Vorderseite

Foto Poster-Rückseite

Cartoon-Poster
von Franziska Becker

Inhalt

Erstes Kapitel

Die erste Liebe

Mädchen-Freundschaft. Frauen-Freundschaft. Durch dick und dünn. Busenfreundin, feste Freundin, beste Freundin.
Wir halten zusammen. Sie versteht mich wirklich. Sie ist so ganz anders als ich.
Bei meinen Gesprächen, besonders mit jungen Mädchen, werde ich das Gefühl nicht los: Es handelt sich um Liebe.
Ich wünsche mir von ihr Geborgenheit, Verständnis und absolutes Vertrauen. (Birte, 13)
Sie hatte vor mir 'ne feste Freundin, und mit der ging es auseinander. Jetzt mußt du das gleiche erfüllen, was die andere für sie gehabt hat, dachte ich. Du mußt ihr weiterhelfen können. (Katharina, 18)
Die erste selbstausgesuchte Liebesbeziehung? Nicht mehr die vorbestimmte Haß-Liebe zur Familie und noch nicht das erste, aufregende Verhältnis zu einem Mann. – So könnte es sein.
Es soll ein ganzes Leben halten. (Christine, 19) Und daß ich sie irgendwann nicht mehr mögen könnte, das kann ich mir überhaupt gar nicht vorstellen. (Angela, 16) Das sind Aussprüche, die eigentlich, von unserer Gesellschaft jedenfalls, für die Ehe oder eine langjährige Mann-Frau-Beziehung bereitgestellt werden. Unsere Mütter sagten zu uns: Das ist alles Schwärmerei! Du wirst schon sehen, wenn erst mal der Richtige kommt oder *sie* einen Mann gefunden hat! Gut. Das könnten wir abbuchen unter Mutterneid auf die «Busenfreundin». Denn wir kehren uns ja immer von der Mutter ab, wenn wir das Geheimnis der ersten «festen» Freundschaft entdecken.

Aber ob wir vielleicht den großen Ernst als Mädchen einfach mit der Freundin schon mal vorwegleben wollen? Sozusagen mal ausprobieren, was dran ist? Die Freundin als Probe-Figur, Mädchen-Freundschaft als Versuchs-Feld?
Es ist schon interessant, wie sich die Ansprüche gleichen: VERTRAUEN, VERLÄSSLICHKEIT, EHRLICHKEIT, ZUSAMMEN WEGGEHEN, ÜBER ALLES REDEN KÖNNEN – das sind doch dieselben Wünsche, die Frauen später mit ihrer Liebe zum Freund / Mann verknüpfen. Und sie tragen es dann eben nicht nur als ungelebtes Forderungspaket mit sich herum, sondern sie haben diese Qualitäten schon erlebt. Nicht selten in einer Beziehung über Jahre: zur Freundin nämlich. Vielleicht hat die Freundin einen enttäuscht, ist viel zu schnell an eine starke Schulter geflüchtet und tut jetzt so, als ob sie einen nicht mehr braucht. Wir sind zwar enttäuscht von ihr, aber die hohen Ansprüche, die immensen Wünsche, die wir mit ihr ausgelebt haben, sind geblieben. Die tragen wir nun an IHN heran. Denn wir haben uns inzwischen verliebt. Und jetzt passiert das Unvermeidliche: ein Mißverständnis. Wir denken nämlich, das hätte der Junge natürlich auch schon erlebt, oder später: Das muß doch jeder Mensch kennen und wünschen!
Jungs und Männer wünschen sich solch eine Beziehung zwar auch – aber selten zur Freundin. Und – ihre Tragik – mit Männern klappt es selten: Offenheit und Verläßlichkeit, das ist eine seltene Kombination in Männerfreundschaften. Ich weiß es von allen meinen Freunden. Denn Offenheit hieße auch Schwäche zugeben, Konkurrenz, Neid aufeinander. Das aber, wir kennen es gut, ist eine höllische Belastungsprobe für eine Freundschaft – und vielen Männern zu anstrengend oder gefährlich. Vielleicht sind heute viele junge Männer schon anders. Ich kenne zu wenige genau. Und sie zu interviewen war nicht mein Thema. ‹Männerfreundschaften› wäre ein Extra-Buch.
Ich habe nur noch die Traurigkeit im Ohr, wenn meine Gesprächspartnerinnen, auch junge, über den Mangel an wirklichen Freundschaften ihrer Männer sprachen. Oder noch mehr, die Resignation, was wirkliche Nähe von Frauen zu Männern betrifft.
Traditionell hat der Mann gelernt: Die Dinge müssen funktionieren.

Und das tun sie, wo immer, am besten getrennt: eine Freundin für Zärtlichkeit, Liebesaufregung, zum Vorzeigen, vielleicht auch, bei der man manchmal klein sein kann. Die Mitschüler oder Kollegen fürs Geschichtenerzählen und Vorher-nachher-Geprotze. Und einen guten Freund, mit dem man Fußball spielt oder ins Kino geht, anschließend in der Kneipe über Frauen oder die Arbeit redet.

Frauen aber haben die unangenehme Eigenschaft, immer alles zusammenbringen zu wollen. Das Gegenteil vom männlichen Funktionieren. Das ist manchmal wie eine Sucht. Es geht unter Frauen, weil wir den Wunsch voneinander kennen, die Sucht miteinander teilen. Es schafft trotzdem oft Schwierig- und Zwistigkeiten, in unseren eigenen Klüngeln. Denn alles läßt sich selten zusammen machen. Nicht alle unsere Freundinnen verstehen sich untereinander. Oder «die Busenfreundin», mit der wir alles geteilt haben, bricht irgendwann aus aus dem Kästchen. Und wir stehen dumm da.

Doch noch verletzlicher wird's eben, wenn wir mit dem Modell von Nähe und Austausch, das wir unter Freundinnen leben, beim ersten Freund oder auch bei den nächsten noch unverdrossen ankommen – und es will und will nicht klappen: Bitter, wie er sich immer wieder entzieht! Langweilig, wie eingefahren er ist! Lächerlich, wie er immer den großen Max markiert und abends bei uns in sich zusammenfällt! Typisch Mann!!!

Wir sind enttäuscht und kehren zur Freundin zurück – Frauenfreundschaft, das sichere Terrain. Oder das Doppeldecker-Modell: Man hat zwar einen Freund für Sexualität, Vorzeige-Gelegenheiten und ein paar Vergnüglichkeiten mehr. Aber im Hintergrund bleibt die feste und mannigfaltige Beziehung zur Freundin oder den Freundinnen.

Es sieht so aus, als ob Frauen, natürlich ausgewählt, zueinander die *eigentliche* Bindung haben. Die Vergewisserung im Leben miteinander (das muß nicht in derselben Wohnung sein), daß sie nicht verrückt sind mit ihren Wünschen. Denn die klingen manchmal verrückt, je älter die Wunschträumerin wird: Abenteuer *und* Verläßlichkeit, Nähe *und* Aufregung, seinen Mann zu stehen *und* Frau zu sein,

frech aufzutrumpfen *und* klein sein zu können, blendend dazustehen, ohne Siegerin sein zu müssen.
Es sieht so aus, als ob die Frauen, obwohl sie meist zu Männern die intimsten Kontakte haben, nur Ausflüge zu ihnen machen, mit Körper und Seele: Ausflüge in eine andere Welt. Das kann sogar so sein, obwohl sie mit einem Mann zusammenleben, Familie haben, ständig mit ihm öffentlich auftauchen.
Meine Utopie wäre: Ich würde mit Frauen zusammen wohnen, und die Männer gruppieren sich darum oder werden assoziiert. So ein Frauenkern, und die Männer kommen dazu. Und Kinder dann auch. (Birgit, 30)
Da ist es ausgesprochen. Gemein gegenüber den Männern? Oder nur ein Zeichen dafür, daß eine Frau Angst hat, sich allein zu fühlen gegenüber dem Mann, den sie liebt? Sie liebt ihn trotzdem, wirklich wahrscheinlich. Aber sie will sich ihrer Identität versichern, nicht aufgehen im Mann und auch nicht untergehen in ihm. Und auch nicht werden wie er.
Denn ich habe die starke Vermutung, daß er ebenfalls einsam ist nur im Verhältnis zu ihr. Er braucht auch Männerfreundschaften. Dringend. Nur meist bleiben die rein symbolisch. Das heißt: Schulterschlag statt wirklicher Umarmung. Biere in der Kneipe kippen bei lauter Musik, statt zu Hause zusammenzusitzen. Rumschwadronieren, statt miteinander zu reden.
Warum zum Beispiel kenne ich viele Frauen, die sich nach Trennungen oder dem Tod ihres Mannes schneller wieder zurechtfinden, nicht wirklich allein sind wie der verlassene Mann? Weil ihre Bindungen – ob gelebt oder wie ein verdecktes Wurzelwerk beibehalten – zu anderen Frauen da sind oder schnell wieder aufleben. Das ist für mich ein Indiz dafür, daß wir Freundinnen deshalb so notwendig brauchen, weil wir zu ihnen die *eigentlichen* Beziehungen haben. Manchmal sind sie völlig oder teilweise unsichtbare Beziehungen. Nur ein Blick oder die plötzliche Ehrlichkeit einer Abschiedsumarmung verraten sie. Voller Überraschung entdecken wir plötzlich, wie wichtig wir füreinander sind oder waren. Und manchmal, schmerzlich, entdecken wir auch, daß es sehr unterschiedlich war, was wir voneinander wollten. Was die Freundschaft früher der einen, was der anderen bedeutet hat.

Unzertrennlich

von
Renate Hücking

Kakao und Kuchen, Kreischen, Kichern, und Anna weint schon wieder. Eine Reise nach Jerusalem und Topfschlagen, vor Eifer glühende Gesichter, rot vor Aufregung. Weiße Kniestrümpfe rutschen, ein Pferdeschwanz löst sich, und Gabis Dirndelschürze hängt schief.

Mein Geburtstag. Sechs Freundinnen darf ich einladen. Mehr ertragen die Nerven meiner Mutter nicht. Ich, der Mittelpunkt. Alle sind meinetwegen gekommen. Mir bringen sie Geschenke. Vor meiner Mutter machen sie einen Knicks, mich werden sie feiern.

Die Gäste sind sorgfältig ausgesucht, entlang einer strengen Werteskala: beste Freundin, zweitbeste, drittbeste ... und, na ja, die Inge ist auch noch ganz nett und außerdem in der Klasse beliebt.

Doris solltest du aber auch einladen, sagt meine Mutter, die mit der von Doris befreundet ist, und Margot: die lädt dich auch immer zu ihrem Geburtstag ein!

Spiel und Spannung. Wer kann die meisten Tortenstücke essen? / Warum gewinnt nur immer die? / Und die, die ist gemein, die schummelt! / Den Hauptgewinn wollte ich! / Aber Kind, heute ist doch dein Geburtstag, und das sind deine Freundinnen, deine Gäste!

Kindergesellschaft – der Nachmittag ein einziger Wettstreit. Die Mutter führt Regie, die Anleitungen gab ‹Film und Frau›.

Lakritze, Brause, Negerküsse: Salmi-Sterne werden vom Handrükken abgeleckt; kitzelnde Waldmeisterspucke schäumt auf der Zunge, und der Zuckereischnee zergeht im Mund, als habe man keine Zähne. Süßes wird sofort verschlungen, sicher ist sicher, und die haltbareren Trophäen der Kinderschlacht werden listig hinter Sofakissen versteckt.

Meine Geburtstagsfotos erzählen von den Tumulten, den Albernheiten und der überdrehten Stimmung nichts. Da stehen Un-

schuldslämmer der Größe nach aufgereiht und posieren vor der väterlichen Kamera. Fotos zum Vorzeigen.
Abends, jedes Jahr, Kartoffelsalat mit Würstchen und Limo. Wenn die Freundinnen abgeholt werden, streiten wir uns schon heftig. Die Erwachsenen sagen, wir seien übermüdet. Meine beste Freundin redet nicht mehr mit mir. Sie meint, ich hätte zuviel mit Anna getuschelt. Dabei habe ich sie doch gerade erst gewinnen lassen.
Am nächsten Tag spielen wir wieder allein, nur sie und ich: *meine* Freundin, alles ist wieder in Ordnung!

Die Geschichte meiner Freundinnen beginnt mit einer Namensschwester. Meine Mutter nannte sie die dicke Renate. Ich mochte ihre Haare. Wenn die Oma in der Wohnküche hinter dem Eier-Butter-Käse-Laden ihr die Zöpfe flocht, schaute ich stumm zu und wünschte mir statt eines Bürstenstrichs übers kurze Haar auch eine solch ausführliche Behandlung. Wenigstens die bunten Käfer- und Blumen-Gummispangen mußte ihre Oma auch auf meinem Kopf befestigen.
Bei Renate ist alles anders als in unserem Einfamilienhaus gegenüber. Ein Holzfeuer brennt im Küchenherd. Der Opa liegt mit Filzpantoffeln auf dem Sofa. Renates Mutter steht im Laden. Das Plumpsklo ist im Hofe, und alle sprechen rheinisch.
Ab und zu geht die Schiebetür zum Laden auf. Dann kommt Licht ins Zimmer: Jemand hat einen Liter Milch verlangt. Noch heute ist mir der leicht säuerliche Geruch der Milchkammer in der Nase. Trinken mochte ich den weißen Kuhsaft noch nie, aber gern schaute ich zu, wenn die Milch mit einem Litermaß aus der großen Molkereikanne in die Haushalts-Henkelkannen balanciert wurde. Renate konnte das perfekt. Kein Tropfen ging daneben.
Spielen sollen wir draußen. Die Wohnung ihrer Eltern über dem Laden ist picobello sauber und bleibt uns verschlossen. Hinkekästchen malen wir aufs Hofpflaster, in den Gemüserabatten verstecken wir uns, und Murmeln schieben wir auf dem Gartenweg. Was haben wir miteinander gesprochen? Ich kann mich nicht erinnern.
Deutlich sehe ich die hohe Hauswand vor mir, an der wir mein Lieb-

lingsspiel, die Ballprobe, praktizieren. Stundenlang werfen, köpfen, boxen und knallen wir den Ball an die Wand. Zwischendurch in die Hände klatschen, sich um die eigene Achse drehen. Einmal, zweimal, dreimal ... zehnmal: Eine Probe ist geschafft. Du bist raus, sobald der Ball den Boden berührt.

Wenn ich Renate besuchen will, muß ich die Niederrheinstraße überqueren. Die vorbeisausenden Autos sichern meinen Eltern die totale Kontrolle darüber, wie häufig und wie lange ich mit Renate spiele.

Renate ist doch viel zu alt für dich, will meine Mutter mich überreden, zu Hause zu bleiben. Tatsächlich ist sie doppelt so alt und geht schon zur Schule, als ich in den Kindergarten komme.

Warum hat sie sich auf meine Kinderspiele eingelassen? Immer ging sie auf meine Wünsche ein. Sie war die Vernünftige. Ich machte sie zu einer kleinen Erwachsenen, und sie konnte so ihren vielen häuslichen Pflichten entgehen. Ich war für solche Dressurakte noch zu jung. Alt genug allerdings, um mich an ein geregeltes Familienleben zu gewöhnen. Am Wochenende (dein Vater will auch mal was von dir haben) waren Besuche tabu, auch wenn der Hausherr sich in die Zeitungslektüre vertiefte.

Oder: Pünktlichkeit ist das halbe Leben. Quatsch! Als ich den elterlichen Ruf zum Mittagessen zum erstenmal unbeachtet ließ, wurde aus der Ball- eine Machtprobe.

Lieber noch eine Runde. Hoch das Bein, unten durch den Ball an die Wand, von eins bis zehn. Bei der ersten Verwarnung konzentriere ich mich aufs In-die-Hände-Klatschen. Dann wird das Hausmädchen geschickt. Sie soll mich holen. Kratzen, Spucken und Beißen verleihen meinem Willen Nachdruck. Erfolgreich: Sie tritt den Rückzug an. Doch sie petzt, und mein Triumph dauert nicht lange. Eigenhändig zerrt der empörte Vater das eigensinnige Kind über die Straße. Drüben setzt es dann die erste (und letzte) Tracht Prügel. Ab ins Bett! Kein Essen. Die Vorhänge zu. Wütend schreiend und stampfend stehe ich in meinem Gitterbett. Die Kraft läßt nach, als ich die Niederlage ahne. Leise weinend wünsche ich mir, zu Renate auf die andere Straßenseite in den Eier-Butter-Käse-Laden zu ziehen.

Als meine Schwester geboren wird, kurz vor Weihnachten, liegt unter dem Christbaum all das, was aus der großen Schwester eine Kinderschwester machen soll: Schürze, Häubchen, Arztbesteck im Köfferchen. Windeln, Creme, Öl und Puder sind im mollig warmen Badezimmer gestapelt.
Vorm Kinderwagen-Schieben habe ich mich gerne gedrückt. Doch das Baby baden, die weiche Haut ölen und salben, dabei habe ich meine Mutter gern beobachtet – und es dann selbst ausprobiert. Am Baby. Und an Nelli.
Wir gingen schon zusammen zum Kindergarten und wurden gemeinsam eingeschult. Warum wurde gerade Nelli meine Schulfreundin?
Margot, die in die neuen Wohnblocks hinter unserem Garten eingezogen war, schien mir zu brav. Nie rannte sie, immer achtete sie darauf, daß ihre Kleider nicht schmutzig wurden. Außerdem hatte sie Pickel und mußte dauernd auf ihre jüngeren Geschwister aufpassen.
Bärbel mochte ich gern. Sie war klein und flink und hatte einen kurzgeschnittenen, dichten schwarzen Haarschopf. Doch sie hatte einen lästigen älteren Bruder. Immer wollte er dabeisein und quasselte altklug. Später, als ich schon Busen ansetzte, schwärmte dieser Oberschüler mit den abstehenden Ohren für mich. Da habe ich ihr Haus vollends gemieden. Nelli schnitt einfach besser ab. Ihre Eltern waren berufstätig. Zum Essen ging sie zu ihrer Oma. Bei ihr zu Hause hatten wir oft sturmfreie Bude. Nelli wurde meine Mädchen-Freundin.
Der Kleiderschrank ihrer Mutter barg Schätze. Wir verwandelten uns in langgewandete Prinzessinnen, in Damen mit Lippenstift und Stöckelschuhen. Manchmal spielten wir Hochzeit. Die Treppe war Bühne und Laufsteg. Kichernd staksten, stolperten oder stolzierten wir die Stufen rauf und runter.
Bei mir zu Hause schlossen wir uns ins Badezimmer ein und setzten uns gemeinsam aufs Klo. Es war beruhigend, daß sie wie ich im Sitzen und nicht wie die heimlich beobachteten Nachbarjungen im Stehen pinkelte. Das mollig warme Bad war auch der geeignete Ort für die heimlichen Doktorspiele. Guten Tag, gnädige Frau, was fehlt

Ihnen denn?
Hier, in der Brust tut's weh.
Machen Sie mal den Mund weit auf.
Aaaa ...
(Eklig, wie dieser Löffel auf die Zunge drückt.)
Noch mal bitte, aaaa ...!
(Quälerei, immer dieses Würgen)
Ja, wir müssen Fieber messen. Stecken Sie das Thermometer unter den Arm.
38,9! Ziehen Sie mal die Bluse aus, damit ich Sie abhören kann.
(Das Stethoskop kommt zum Zug.)
Husten Sie mal!
Ja, Herr Doktor, das tut weh.
Tja, meine Liebe, Sie haben eine Lungenentzündung und brauchen eine Spritze.
(Mandelentzündung und Blinddarmreizung gehören auch zu unserem Repertoire.)
Keine Angst, meine Liebe, es tut nicht weh.
(Die Plastikspritze wird am Arm angesetzt.)
Aua!
Ist ja schon vorbei.
(Das Wasser läuft den Arm herunter.)
Schwester, tupfen Sie das mal ab.
Und wo tut es denn noch weh?
Da unten, Herr Doktor.
(Eine Variante: Ja wissen Sie, Herr Doktor, meine Tochter, die hat da unten so Schmerzen.)
Vorfreude kribbelt auf der Haut. Daß bloß jetzt keiner kommt.
Da müssen wir mal nachsehen.
O ja, das sieht ja schlimm aus! Das ist ja auch ganz rot.
An welchen Krankheiten man «da unten» leiden könnte, hatten wir noch nicht aufgeschnappt. Das hätte auch nichts zur Sache getan, die Behandlung war immer die gleiche: ölen, salben, pudern – wie beim Baby gesehen, genauso vorsichtig, liebevoll.
Mit Margit war das anders. Prinzessin, albern! Hochzeitspaar, lächerlich! Doktorspiele, Blödsinn! Mit ihr kam das nicht in Frage.

Wir spielten draußen und phantasierten das Abenteuer herbei.
Es war die Zeit, als wir auf dem Schulhof mit den Jungen um die Wette liefen und unsere Kräfte in Ringkämpfen und Rempeleien maßen.
Ja, auch ich wollte ein Junge sein. Stark und gefürchtet! Meine entscheidende Kraftprobe fand auf dem Schulweg statt. Hinter den Kastanienbäumen der Lantz-Allee lauerte ich einem Klassenkameraden auf, um ihn unter Ausschluß der Öffentlichkeit handfest zu verprügeln. Nur so, ohne Grund, zum Ausprobieren. Wenn ich es nicht schaffte, schaute wenigstens niemand zu. Daß ich mir den Schwächsten, den als Mamasöhnchen verspotteten Gerhardt, aussuchte, störte mich nicht.
Margit also wurde meine Jungen-Freundin. Mein erstes Fahrrad verlieh mir die Unabhängigkeit, sie draußen am Rheinufer zu besuchen. Margits Vater war Fabrikant, und in ihrem Haus gab es ein ehrfurchtgebietendes Herrenzimmer. Wichtiger für uns aber war der Garten, der Größe nach eigentlich ein Park. Die Erwachsenen fuhren mit dem Auto vom Gittertor den Weg entlang bis vors Haus. Links die Obstrabatten, rechts ein kleiner Tannenwald. Dahinter die Rasenfläche mit Wippe, Schwimmbad und Fischteich, der uns im Winter als Schlitter- und Eislaufbahn diente.
Ich meldete mich am Tor über eine Sprechanlage an. So konnte ich sicher sein, daß die zwei Schäferhunde auch tatsächlich im Zwinger eingesperrt waren. Sie bellten wie wild, drehten sich um die eigene Achse, sprangen am Maschendraht hoch und fletschten die Zähne. Um nicht an ihnen vorbeigehen zu müssen, erfand ich immer wieder Ausreden.
Ansonsten war der Park mein Paradies, und ich fühlte mich auserwählt, mit Margit hier spielen zu dürfen.
Im Wäldchen bauten wir Hütten und dichteten die menschenleere Einsamkeit hinzu. Beeren, frisch vom Busch, ernährten die Ausgestoßenen. Das Schwimmbecken war uns Ozean, den es zu überqueren galt. So lernte ich schwimmen und später, auf Schatzsuche, Köpfer und Tauchen. In den sportlichen Disziplinen war Margit mir immer voraus, gab den Ton an und legte das Tempo vor.
Auf den Fahrrädern rasten wir den Deich entlang, Verbrechern auf

der Spur. In den Rheinwiesen – für uns ein Tummelplatz wilder Pferde – erklommen wir die verkrüppelten Weidenbäume, um die Lassos auszuwerfen oder die blöden Liebespärchen zu erschrekken.

Margit war ein Nachkömmling. Ihre vier älteren Geschwister waren wie Erwachsene für uns, die ich höflich mit Knicks begrüßte. Und doch, so einen wie den rotblonden Bruder hätte ich mir schon als meinen späteren Mann vorstellen können. Vermutlich lockte dabei die Aussicht, auch als Ehefrau und Mutter nicht auf Margit verzichten zu müssen. Aber wie gesagt, solche Themen waren mit ihr tabu.

Als wir etwa acht Jahre alt waren, wurden wir daran erinnert, daß wir Mädchen sind. Margit sollte Klavier und ich Blockflöte lernen. Gemeinsam wurden wir ins Ballett gesteckt. Ballett ist übertrieben, doch die zu wilden Jungen-Mädchen sollten lernen, sich grazil zu bewegen, ein Ohr für Musik, Takt und Rhythmus bekommen. Albern, wie wir uns dazu kleiden mußten: ein Oberteil mit Gummizug, das soeben über die Brustwarzen reichte, Bauch frei, eine kurze Hose und darüber ein Tellerröckchen, beide in blau-weiß, während die Jungen in weißem Turnhemd und schwarzer Turnhose antanzten. Anfassen, sich drehen im Walzertakt. Miteinander verschworen standen wir die Peinlichkeit durch und sahen auf die herab, die so etwas ernst nahmen.

Stolz waren wir auf unsere nächste gemeinsame sportliche Unternehmung: das Voltigieren. Gern fachsimpelten wir in Gegenwart anderer über die Gangarten von Rapp dem Schecken und prahlten mit Flieger, Schulterstand und Doppeldecker, Kunststückchen, die wir auf dem galoppierenden Pferd vollbringen konnten. Wie dankbar war ich Margit, daß sie nie ein Wort darüber verlor, wie schwer es mir fiel, das im Kreis laufende Tier zu erschwingen.

Rückstände dieser Art machte ich als Detektiv wett. Nach Vorbildern wie Kalle Blomquist und Enid Blytons «5 Freunden» spionierten wir die Kleingartenkolonie entlang der Lohauser Straßenbahn aus. Ich war Thomas und führte die Gruppe der Detektive an. Geheimschrift war mir geläufig, und ich entschied, welches Häuschen Verdächtiges aufzuweisen hatte. Wurde dort Diebesgut oder gar ein

Mensch versteckt? In den Zeitungen suchten wir nach Vermißtenanzeigen. Jede Zeitungsmeldung über einen Einbruch gab neuen Stoff. Fotoapparat, Lupe und dunkle Sonnenbrillen gehörten zu unsere Requisiten. Eine steht Schmiere. Wir fotografieren das verdächtige Häuschen, steigen über den Zaun, um an den verschlossenen Fensterläden zu lauschen oder Papierschnitzel und Zigarettenstummel als Indizien zu sammeln. Achtung, in Deckung, die Straßenbahn kommt!

Das Spiel ist aus und du bist raus! Unser Ende bahnt sich mit dem Wechsel zur höheren Schule an.

Margit ist katholisch, ich evangelisch. Sie muß zu den Nonnen, ich zu den Diakonissen. Traurig schwören wir uns Treue. Sie darf keine langen Hosen und ärmellose Blusen zur Schule tragen, und ich bedaure sie deshalb.

Margit bekommt von ihren Eltern ein Pferd geschenkt, und ich muß alleine zu Rumstichs Reitschule gehen.

Die eigentliche Ursache unserer Trennung sitzt aber tiefer. Ein Verrat, ein gebrochenes Tabu: Ich wurde eine andere. Noch flitze ich auf dem Fahrrad durch die Gegend, doch hatte ich aufgehört, den Jungen zu spielen. Ich verhielt mich wie ein blödes Mädchen, denn neben mir radelte mein erster Freund. Klein, pfiffig, ein Lockenkopf und Fußballfan. Mit ihm fuhr ich ihr davon, desertierte in die Erfahrungswelt eines Teenagers.

«Poussieren» nannten meine Eltern mißbilligend das, was mich in den folgenden Jahren am meisten beschäftigte.

Jürgen, Peter, Tommy, Bernd und wie sie alle hießen. Mein Fotoalbum zeigt die wichtigsten der Reihe nach, Fotos, die die jungen Männer mir verehrten: sie, immer vorteilhaft getroffen (auch mit Selbstauslöser) und immer aktiv, beim Fußball, auf dem Rennrad, Klarinette spielend oder als Witzbold in der Gang.

Poussieren fing mit dem Anbändeln an: Ausschau halten und begutachten, erwartungsvoll flanieren, wie zufällig an der Straßenbahn stehen, wenn der Schwarm aus der Schule kommt, überhaupt überall auftauchen, wo was los ist, frech und keß die Aufmerksamkeit auf sich lenken und so tun, als könne einen gar nichts erschüttern.

Fürs Anbändeln waren die Umworbenen ebenso wichtig wie die be-

ste Freundin. Sie gehört zum Poussieren wie der Spiegel zu Narziß.
In der Schule sitzen Karen und ich in der letzten Bank hinten links, immer gewillt, mit unseren Kaspereien die anderen zum Lachen zu bringen. Sie ist größer und kräftiger als ich, hat einen verblüffend großen Busen und ein strenges Gesicht. Wie sehr beides sie störte, hat sie mir erst vor kurzem bei einem Wiedersehen erzählt. Auch wie mickrig sie sich neben mir vorkam, weil die finanziellen Grenzen des Familienbudgets ihre Auswahl an Petticoats und Riesenpullovern auf ein Minimum beschränkten.
Vielleicht saß deshalb alles an ihr so penibel korrekt. Nie strubbelte ihr kurzes blondes Haar unordentlich locker. Ihre Kleidung: immer tipptopp; Scheitel und Koteletten, jedes Haar an seinem Platz, der Hinterkopf leicht toupiert – unverändert, jahrelang, während ich zwischen streichholzkurz und wachsendem Übergang schwankte und von einer wilden Mähne träumte.
An allen einschlägigen Treffpunkten tauchten wir gemeinsam auf: bei Café Schuster, im christlichen Jugendkreis, in der Tanzstunde und im Schwimmbad, ein unzertrennliches Paar, neugierig und unternehmungslustig.
Ist der mit dem Bärtchen nicht süß?!
Hm, den kenn ich vom Fahrrad. Sieht ganz gut aus.
Ich glaub, der guckt immer zu uns rüber.
Ja? Laß ihn doch, wir gehen da später mal vorbei.
Karen konnte besonders gut schwimmen. Sogar vom Zehn-Meter-Brett schnellte sie gekonnt ins Wasser und erregte damit Aufmerksamkeit. Mein Versuch, es ihr gleichzutun, endete mit einer Bauchlandung, was peinlicher war: Mein Badeanzug rutschte.
Aus unserem Erfahrungsaustausch bleiben andere ausgeschlossen. Unsere Vertrautheit tragen wir zur Schau. Auf dem Schulhof gehen wir Arm in Arm, Anspielungen verwirren Dritte, auf Klassenreisen stecken wir die Köpfe zusammen, und die Nachmittage vor dem ersten Kofferplattenspieler mit Elvis und Peter Kraus verbringen wir alleine.
«Wenn Teenager träumen ...»
Fotos von *ihm* werden nur *ihr* gezeigt. Haarklein erfährt sie, was er

gesagt, wie und ob er geguckt hat, daß er angerufen hat, wie und wo wir spazierengegangen sind.
Und dann?
Händchenhalten. (Mindestens 3 Tage lang die gleiche Antwort)
Und dann?
Umarmung. (D. h., sein Arm, steif wie ein Brett, auf meiner Schulter)
Und dann?
Engumschlungen. (Mein Arm zusätzlich um seine Hüfte, Einverständnis signalisierend. Nun ging man mit Fritz, Peter oder Hans.)
Und dann?
Der erste Kuß.
Und wie?
Zungenkuß.
Noch was?
Nein, nichts mehr. Knutschen war alles.
Busenfreundinnen verlangen viel voneinander. Sie müssen aufrichtig sein, verschwiegen, absolut loyal und treu. Sie sollen fragen, zuhören, bestätigen, trösten und sich jederzeit in Liebesfreud und Liebesleid der anderen einfühlen. Busenfreundinnen hängen wie Kletten aneinander, und ihr gemeinsames Interesse richtet sich auf Männer.
Als Teenager wagten Karen und ich die ersten Ausflüge in die Welt der Männer, wir testeten, wie man sich darin verhält, wie man sich anpaßt. Wir übten Posen: verführerisch, anschmiegsam, auch mal aufmüpfig, und gewannen an Sicherheit. Wir waren uns einig, wo's langgeht: in eine feste Beziehung.
Bevor allerdings die große Liebe kam und die gemeinsam eingeübte Frauenrolle im Ernstfall sich bewähren mußte, wurden wir getrennt. Ich zog in eine andere Stadt und ging ein Jahr ins Ausland. Journalistin wollte ich werden, das hatte neue Wünsche geweckt: Jugendlager, Schwimmbad und Café Schuster – was war das schon gegenüber der Verheißung, die Welt zu erfahren?
Was hier an einem konkreten Ereignis festzumachen ist, passierte mir später noch oft: Ein neues Ziel, und plötzlich, ohne offensichtli-

chen Grund, ist die Freundschaft mit einer Frau zu Ende – sang- und klanglos, ohne die mit Männern üblichen Rituale. Da wird kein Laufpaß gegeben, wir machen nicht Schluß – nichts, einfach so: aus – Ende!

Elfi war meine beste Freundin, solange ich mit ihrem Bruder ging. Mit Nora amüsierte ich mich köstlich, bis sie «in festen Händen» war. Waren die Männer daran schuld? Sicher genossen sie zeitweise absolute Priorität, und Freundinnen hatten nur eine zweitrangige Bedeutung. Doch trennend wirkten Männer eigentlich nur selten, eher umgekehrt stifteten sie Allianzen.

Angela faszinierte mich, weil sie über eine zerbrochene Ehe fast an sich verzweifelte, aber dagegen anging. Als sie dabei meiner eigenen Zweierbeziehung gefährlich wurde, fand ich es spannend herauszufinden, was sie attraktiver machte als mich. Gegen den Mann mich mit ihr zu verbünden war überlebenswichtig, eine Genugtuung und entsprach der Vorstellung von Frauensolidarität. Als sie plötzlich in Liebe zu einem Psychologen entflammte, war ich enttäuscht, wie schnell sie wieder in eine therapierende Zweisamkeit entschwebte, ohne sich zu «emanzipieren». In diesem Fall wechselte sie die Stadt – unbekannt verzogen.

Katja und ich, wir waren uns ganz nah, solange wir beide an einer zerbrochenen Liebe litten.

Du, du bist doch jünger als ich.

Na und? Warum soll es mir deshalb besser gehen?

Ja, aber du hast doch studiert, du verstehst das alles besser. Und schon analysiere ich eloquent die patriarchalischen Strukturen, die uns in diese Misere gebracht haben. Und wie gemütlich wir es uns darin machten. Saßen stundenlang in den Betten, die Decken bis zu den Schultern, schimpften und lamentierten.

Katja war noch nicht lange geschieden, als sie ihre große Liebe kennenlernte. Sie hatte ihre Kinder ins Leben entlassen, organisierte sich ihren ersten richtigen Job und dann eine schöne Wohnung – so eine patente Mutter hätte ich immer gerne gehabt. Nur wenn sie sagte, ich sei zu dick, wenn sie zu oft wusch und bügelte, war sie wie meine wirkliche Mutter. Ich wollte sie zu Wagnissen ermuntern, riet zu weniger Selbstbescheidung – sei doch nicht so resignativ! Daß sie

weiterhin an die romantische Liebe glauben wollte, nahm ich es ihr nicht übel.
Ich war, um mich zu kurieren, in eine Selbsterfahrungsgruppe gegangen. Zwei Jahre lang trafen wir Frauen uns. Wir wollten unsere Identität erforschen. Dabei uns gegenseitig helfen. In Schwäche vereint. Spieglein, Spieglein an der Wand, wer ist die Schwächste, wer die Stärkste im ganzen Land? Selbstverständlich haben wir auch über Konkurrenz, Dominanz und Abgrenzung diskutiert, aber trotz bester Vorsätze haben wir uns später nie wieder getroffen. Die gemeinsame Suche nach Boden unter den Füßen endete mit dem Programm des Lehrbuchs.

Wie findste den?
Iiii, was a scheußlische Fab!
Und den?
Scho besse. Zeische ma, ja, Pink steht dir gutt. Un isch?
Die, die da so betont hessisch «babbelt», ist Anna. Sie setzt den brombeerfarbenen Borsalino auf die roten Locken. Ich nehme den Kapotthut in Pink samt Ripsschleife, und wir entschweben dem Kopfputzparadies. Eingehakt passieren wir neugierige Blicke und sind stolz aufeinander. Wenn Anna aus «mei schee Frankfott» mich besuchen kommt, dann gehört der Ausflug in den Hutladen am Jungfernstieg zu den Ritualen.
Annas Liebe zu Mützen, Hüten, Deckeln und Kappen ist alt. Vor über 15 Jahren war sie mir im Bus wegen ihrer witzigen Kopfbedekkung aufgefallen, die sich noch zusätzlich herausfordernd von ihrem braven kamelhaarfarbenen Wintermantel abhob. Wie ich stieg sie am Hauptbahnhof aus und schlug den Weg zur Uni ein. Gemeinsam verschwanden wir im englischen Seminar und quälten uns mit Lautschrift und anderen phonetischen Raffinessen. Das war in den ersten Semestern. Langsam trennten wir uns von den Schulfreunden, auch von den liebsten und erkundeten, was die akademische Welt zu bieten hat.
Studenten gingen abends in die Kneipe. Wir auch. Meist saßen wir im ‹Globetrotter› und schwatzten, tranken Bier, aßen Schmalzbrote und fühlten uns als intellektuelle Nachteulen. Wenn ich morgens

nicht aus dem Bett kam, Anna aber auf der Shakespeare-Vorlesung bestand, beschwor sie durch beharrliches Anrufen bei mir zu Hause den nächsten Familienkrach herauf.

Erst ging Anna nach Großbritannien, dann ich nach München. Im englischen Seminar und im «Globetrotter» trafen wir uns wieder.

Anna hatte jetzt eine eigene Wohnung in Frankfurt. Während ich mich weit weg von zu Hause verlobt hatte, lebte sie hochdramatische Affairen wie die mit dem amerikanischen Professor, der, verheiratet, eines Tages mit gepacktem Koffer in ihrem Treppenhaus saß. Glücklicherweise war er wieder durch Whisky zu beruhigen.

Diese ungleich große Risikofreude veränderte das gemeinsame Unileben aber nicht; nur unsere Lebenspläne diskutierten wir intensiver und kontroverser. Dabei war ich klar in der Defensive: sie, verrucht und sexuell erfahren, ich mit meinem Verlobungsring am Finger, bürgerlich und kompromißbereit! Damals wies ich ihr die Rolle der unabhängigen Frau zu, die ich, dem mütterlichen Vorbild zum Trotz, gern gewesen wäre. Bis auch meine Heiratspläne zerplatzten, hatte ich, aus sicherem Abstand, mal neidisch, mal mitleidig, teil an ihren Aufs und Abs.

Doch gluckten wir beileibe nicht dauernd zusammen. Im Gegenteil. Die eine hatte ihre Kunsthistoriker, die andere ihre Germanisten. Ich zog meine Kneipen- ihrer Kulturszene vor. Nie gingen wir gemeinsam mit unseren Freunden aus. Einer, mit dem ich lange zusammen war, ging ihr auf die Nerven. Was findst denn an dem?

Zuerst war ich gekränkt und verunsichert. Doch mochte sie mich deshalb nicht weniger gern. Es gab keinen Loyalitätskonflikt. Die Männer blieben einfach außen vor.

Die Ausnahmen: literarische Figuren, die wir uns aneigneten und spielerisch in die Frankfurter Uniszene hineinspannen. Zum Beispiel Philip Marlowe, diesen einsamen Ritter aus Raymond Chandlers Detektivromanen. Dieser «tough guy», der Liebe und Sex fürchtet wie der Satan das Weihwasser, gab Anlaß zu psychologischen Studien unter real existierenden Akademikern. Und wie «Bogy» diesen Macho darstellt! Cool um jeden Preis, verbirgt er seine Gefühle hinter der Maske eines Asketen. Rauhe Schale, weicher Kern,

der muß doch zu knacken sein! Anna mochte solche Typen nicht nur in Büchern und Filmen.
Deshalb folgenreich die Portnoy-Variante des «tough guy». Auf der Analytiker-Couch beschwert sich dieser New Yorker Jude einen Roman lang über seine Mutter. Sie hat ihn so gluckenhaft beschützt, daß er nur bumsen, aber nicht lieben kann. Eine Mischung aus «Bogy» und Woody Allen. In der Unibibliothek spürten wir dann sein reales Pendant auf. Mit den angemessenen Komplikationen probiert Anna dann aus, wie es ist, mit einem Frankfurter Portnoy zu leben. Ich versuch's in Hamburg mit einem Stadtneurotiker.
Das ist fast zehn Jahre her. Seit wir bei Sekt aus dem Pappbecher im englischen Seminar gleichzeitig unsere Unikarriere beendeten, haben wir keinen gemeinsamen Alltag mehr, auch keine Gelegenheit, zusammen zu arbeiten. Doch in Ferngesprächen, Briefen und durch Kurzbesuche halten wir uns auf dem laufenden. Einmal im Jahr, auch das gehört zu unseren Traditionen, wird die Kommunikation im Telegrammstil durch eine gemeinsame Woche auf dem Land aufgehoben. Eine Woche für uns allein.
Früher reisten Marlowe, Portnoy oder die verfolgten Jungfrauen aus dem englischen Schauerroman mit. Und «Feed your Face»: naturkosmetische Rezepte für die abgas- und nikotinverseuchte Haut. Heute haben wir eher Romane mit weiblichen Weltentwürfen im Gepäck. Und Strickzeug. Statt über die jüdischen Mütter der Portnoys reden wir über die eigenen Eltern. Im Beruf haben wir die Karriereübungen hinter uns und probieren Neues aus. Ähnlich wie Gabriele, Angelika, Ulli oder Chris – meine anderen Freundinnen. Anna und die anderen. Meine Freundinnen und ich.

Sag mal, warum fahren wir eigentlich nie so richtig zusammen in Urlaub?
Weil du immer so «ethnische» Reisen machst.
Und du, du verlegst am liebsten dein Leben hier an einen anderen Ort.
Ich will nach Nicaragua oder Bolivien. Sie nach London oder Rom.
Als es Anna das erste und letzte Mal in die Fremde, nach Afrika,

verschlägt, genießt sie am meisten die «sundowners», die abendlichen Cocktails auf der Veranda.
Alte Kolonialistin! Wie wär's im Frühjahr mit zwei Wochen durch Spanien? Ein Kompromiß?
Nein. Ich muß nach New York, und danach ist das Geld weg. Ich befürchte, wir machen erst Ferien zusammen, wenn wir mit Stock, Brille und Pillendose verreisen müssen!
Ja, dann zeig ich dir, wo der Italiener in Perugia mich in den Arsch gekniffen hat.
«Po», wirst du dann mit leicht zitternder Stimme sagen und den Stock schwingen.
Ich seh schon kommen, im Alter geht der Trend zurück zur Busenfreundin. Mit siebzig sind wir es.
Bloß nicht! Dann schon lieber mit den noch rüstigen Freundinnen 'ne Alten-WG.
Ohne mich! Stell dir mal das Chaos vor – lauter eigensinnige, leicht ausgeflippte alte Weiber.
Wir werden sehen.

Bilder einer Freundschaft

zusammengestellt von

Gabriele Kreis

Die eine ist meine Mutter, die andere meine Patentante: Tante Ruth.
Tante Ruth – da, so lange ich denken kann. Flott und frech und jung noch, als meine Mutter schon längst mir ernst und sehr erwachsen erschien, eine Mutter eben – mit allem, was dazu gehört, aber ohne Pep.
Tante Ruth dagegen war keine Mutter, Tante Ruth war eine Tante, und zwar eine «richtige» und nicht Familienpflicht; eine Tante zum Bewundern: rotlackierte Fingernägel und todschick im schräg-bunten Selbstgenähten; nichts im Sinn mit der mütterlichen Faltenrock-Twinset-Kombination, hamburgisch blau-grau und gegen den Wind kein Kopftuch auf dem Kopf, sondern einen Turban.
Tante Ruth, die mich manchmal aus dem Familiengrab in ihr Hochhaus-Paradies rettete mit Müllschlucker statt Tonne vor der Tür, Chaiselongue statt Sofa und Pudel statt Schnauzer. Tante Ruth, die mir Kleider nähte, fast so schick wie ihre, und die Lippen schon schminkte, als ich für meine Mutter noch ihr «kleines Engelsgesicht» war, aus dem sie dann und wann Dreckflecken mit ihrem spuckefeuchten Taschentuch rieb. Tante Ruth, bei deren Hochzeit ich Blumen streute im rosa Organza-Kleid, und endlich mal die Haare offen.
Tante Ruth – die Alternative zur Mutter und dabei Mutters beste Freundin.
Für mich eine glückliche Kombination, glücklich und unbegreiflich.
Ingeborg und Ruth, und Ruth und Ingeborg:
Zwei, die sich mit einem Blick verständigen, um dann zu «gackern wie die Gänse» oder zu «schimpfen wie die Rohrspatzen», und keiner versteht warum.
Zwei, die in Erinnerungen schwelgen und Pläne machen.
Zwei, wie ich sie mir verschiedener kaum vorstellen kann, äußerlich

und innerlich: die eine groß, blond und glatthaarig, die andere zierlich und braun-gelockt; die eine ruhig, nachdenklich, oft ängstlich, die andere lebhaft, schlagfertig und frech; die eine ein Buch in der Hand, die andere auf dem Weg zur Gymnastik; die eine geschieden, die andere verheiratet; die eine ein Kind, die andere kinderlos.

So wie zwischen ihnen, dachte ich früher, müsse Freundschaft sein. Eine unendliche Geschichte aus Vertrautheit und Gewohnheit, aus Erinnerungen und Wünschen. Erst Kinderfreundschaft, dann Mädchenfreundschaft, dann Frauenfreundschaft und nichts, was das unterbrechen könnte: weder die erste noch die letzte noch die große Liebe, weder Beruf noch Ehe, weder Kinder noch Kinderlosigkeit.

So wie zwischen ihnen, weiß ich heute, ist Freundschaft selten. Und ihr Geheimnis?

Sie wissen es selbst nicht so recht.

Vielleicht, weil wir uns so gut ergänzt haben ...?

Vielleicht, weil wir uns nie etwas geneidet haben ...?

Vielleicht, weil wir einfach treue Menschen sind ...?

Sie sitzen nebeneinander auf dem Sofa, stoßen sich an, fast verlegen, und beginnen zu lachen.

Vielleicht ist das ihr Geheimnis: das gemeinsame Lachen. Ich frage sie.

«Vielleicht», lachen sie zurück. Und dann zeigen sie mir ihre Bilder.

1. Meine beste Freundin

«Vielleicht harmonieren wir so, weil wir so verschieden sind.» (Ruth)

Verschieden, wie sie aussehen …

Ruth und Ingeborg, mit fünf und vierzehn: «Die Fotos hat ein Straßenfotograf gemacht, einfach so – ‹nun stellt euch mal nett hin› und dann los –, nur weil er fand, daß wir so schön verschieden aussahen.» (Ingeborg)

Ingeborg: «Da hatten wir beide zu Weihnachten einen Puppenwagen gekriegt, Ruth einen weinroten, ich einen grünen.»

Ruth: «Ach, meine schicke Berchtesgadener Jacke …!»
Ingeborg: «So eine hab ich mir immer gewünscht und nie bekommen!»

Gabriele: «Deshalb mußte ich also so ein Ding tragen, als ich klein war … häßlich!»
Ingeborg: «Nein! Das kannst du nun wirklich nicht sagen!»
Gabriele: «Doch! Sieh mich doch an!»

Puppenspielen

R: Am liebsten haben wir mit Puppen gespielt!
I: Und lange! Bestimmt, bis wir vierzehn waren. Erst Mutter und Kind, und dann haben wir die Puppen benäht.
R: Und phantasiert dabei, du kannst es dir nicht vorstellen! Guten Tag, Frau von Löwenstein, wie geht es Ihrer Carmen? – Danke, Frau von Illmenau, etwas besser, nur der Husten ist noch nicht weg. – Ich war Frau von Löwenstein, und Ingeborg war Frau von Illmenau, und unsere Häuser waren auf dem Dachboden, alles sehr fein, mit Speisezimmer, Salon und Herrenzimmer, viel vornehmer als zu Haus ...
I: Aber so spielen konnten wir nur allein. Mit anderen ging das nicht. Die hatten keine Phantasie.
R: Weißt du noch, wie wir dann doch mal unten gespielt haben und mein Vater kam und sagte: «Wollt ihr euren Kindern denn nicht mal Tittje geben?!» – Ich hätte in die Luft gehen können!
I: Ich hör noch deine Mutter, wie sie sagt: «Matthias!!!»

Nach den Puppen kamen die Männer. Hat das die Beziehung der Freundinnen verändert? Beide im Chor: Nein!
Ruth: «Nur Männer ... So schrecklich unterhaltend ist das doch gar nicht. Allein wie ich mit Ingeborg albern kann: Wir brauchen uns nur anzustoßen, und dann wissen wir schon Bescheid. Wenn ich Günther anstoße, fragt er mich stundenlang: ‹Warum?›
Ingeborg: «Und wenn man mal was loswerden will, sich was von der Seele reden, das geht auch nur mit Frauen!»
Ruth: «Ich hab immer gesagt: Nicht klammern. Eigenständigkeit bewahren. Freiraum schaffen. Das braucht jeder.»
Also: Kein Gruppenbild mit Herren, die Damen um die Herren drapiert, sondern zwei Freundinnen nebeneinander, mit 35 und 63.

2. *In Gruppen*

«Am liebsten waren wir aber allein ...» (*Ingeborg*)

Ingeborg: «Meine Mutter hatte einen Schleifentick! Ohne Schleife ließ sie mich nicht raus. Fürchterlich!»

Laternelaufen mit sechs

Ingeborg: «Wieder mit Schleife! Und dann noch die dicken Backen!»
Ruth: «Wieso? Das ist doch niedlich!»

Kindergeburtstag mit sechs

– War das eigentlich immer klar, wer die beste Freundin ist?
– Natürlich. Die beste Freundin saß auf dem Geburtstag auf dem Ehrenplatz. Bei Ingeborg war das das Sofa. Und da habe *ich* gesessen. – Da sitze ich noch heute ...

Kindergeburtstag

Ruth erinnert sich: «Einmal hab ich dir ein Ballnetz geschenkt, mit lauter Bällen. Das Netz hatte Ilse gehäkelt. Ich seh es noch vor mir. So ein schönes Geschenk. Ich hätte es am liebsten behalten. – Ja, und darum hab ich es auch abends wieder mit nach Haus genommen ...»

Gruppenbild am Sonntag, mit sechs

Ingeborg: «Ich kann mich noch genau daran erinnern, wie das Foto gemacht wurde und wie ich dachte: Jetzt zieh ich die Backen ein, und dann hab ich endlich ein schmales Gesicht.»

Puppenmütter, mit sieben

Ruth: «Wie süß! Du mit deiner Ilse und ich mit meiner Carmen!»
Ingeborg: «Das Gitter dahinter haben wir immer das Marzipan-Gitter genannt. Weil wir beim Springtauspielen das Band da nicht anbinden durften ... (Ach, Ihr Gitter ist wohl aus Marzipan), hat Ruth dann mal gesagt.»
Ruth: «Wieso ist denn Lotti mit auf dem Bild? Wir haben doch immer allein mit Puppen gespielt!»

Puppenspielen ohne Puppen

Ruth erzählt: «Puppenspielen konnten wir immer, auch wenn wir die Puppen nicht dabeihatten. Dann haben wir uns einfach abgebrannte Streichhölzer zusammengesucht. Die längsten waren die Väter und die kleinsten die Kinder und die mittleren die Mütter – und dann ging es los. Am besten ging das am Strand. Da haben wir uns im Sand ganze Wohnungen gebaut ... Nur dazukommen durfte niemand!»

3. Posen I

Erste Freunde

«Anfassen lassen? Nee! Da gab's gleich was auf die Finger!» (Ruth und Ingeborg, unisono)
Ingeborg: «Ich hatte Hans. Aber der ging mir zu der Zeit schon auf den Wecker. Ich weiß noch, einmal bin ich nach Hause gekommen, und da saß er unangemeldet mit meiner Mutter in der guten Stube. Peinlich! Das fand ich so doof, da hab ich ihn begrüßt mit ‹Was willst du denn hier?› – Meine Mutter hat ihn dann zum Abendessen eingeladen, und anschließend sind wir ins Kino gegangen und haben ‹Ein Mädchen geht an Land› gesehen. Er hatte mir ein halbes Pfund Weinbrandkirschen mitgebracht, und die hab ich dabei aufgegessen, und hinterher war mir schlecht. – Aber Hans hat das nichts ausgemacht. Bei dem konnte ich machen, was ich wollte. Der hat alles toleriert! Wenn er bloß einmal

Auf dem Bismarckstein, mit siebzehn

gesagt hätte: Hör auf! – Wahrscheinlich war er verliebt in mich. Ich aber nicht in ihn.»
Ruth: «Ich hatte ja immer mehrere. Am längsten Heinz. Das war mein erster Freund. Der hat mir schon zur Konfirmation einen kleinen Tulpentopf geschenkt. Lila Krawatte, gelbe Tulpen, dein Freund Heinz! – Das ging dann rum bei den Tanten: Wie süß! Wie niedlich! Na, und den hab ich dann immer mal getroffen. Und zwischendurch andere. Das war oft ganz schön kompliziert. – Von Heinz hab ich noch die Briefe. In einem steht, er habe gar nicht gewußt, daß ich noch so junge Eltern hätte! – Da hatte ich ihm nämlich abgesagt mit der Begründung, ich müsse mit meinen Eltern ins Kino gehen. – Und er hat mich dann prompt mit Klaus am Bahnhof getroffen!»

Ruth: «Die Bank, auf der wir da sitzen, die gibt es immer noch ...»
Ingeborg: «Haben wir da nicht neulich noch gesessen und unser hartgekochtes Ei gegessen ... auf einer unserer Wanderungen?»

Sonntagsspaziergang am Falkensteiner Ufer, mit achtzehn

4. Hochzeiten

«Nur immer mit dem Mann zusammen ... nein, das hätte uns nicht gereicht.» (Ruth)

Ingeborg heiratet mit fünfundzwanzig.

Ruth: «Eine Schönheit war er ja nicht, aber ganz drollig ...»
Ingeborg: «Das kannst du wohl sagen.»
Gabriele: «Es hat ja auch nicht ewig gedauert.»
Ingeborg: «Eben.»

Ruth heiratet mit dreißig.

Ingeborg: «Ich mochte Günther immer gern.»
Gabriele: «Er sah ja flott aus.»
Ruth: «Und du im rosa Organza-Kleid. Das war aus einem Sommerabendkleid von Ilse. Süß.»
Ingeborg: «Das war eine schöne Hochzeit.»

5. *Posen II*

G: Was denkt ihr euch eigentlich bei solchen Bildern!
R: Nichts.
I: Zufall.
R: Man darf sie eben einfach nicht zusammen ins Album kleben, jedenfalls nicht nebeneinander.

Mit fünfundfünfzig gemeinsam auf Reisen.

Ingeborg: «Das war in St. Ulrich. Dieser Urlaub, wo ich meine ganze Kleidung auf einen einzigen Rock abgestellt hatte – und den hab ich dann in Hamburg vergessen. Erst war ich ja platt, als ich es gemerkt habe, und dann haben wir geschrien vor Lachen ...»
Ruth: «... und dann haben wir dir einen neuen Rock gekauft.»

6. *Hand in Hand. Arm in Arm. Seite an Seite.*

«Unsere Mütter haben immer gesagt: Faßt euch schön an! – Und das ist dann wohl so geblieben.» (*Ruth*)

mit vier

Ingeborg: «Ich weiß noch, da müssen wir drei gewesen sein, da hat Ruth mir immer die Hose ans Hemd geknöpft, wenn ich vom Klo kam. Das konnte ich nämlich nicht.»
Ruth: «Und die Stiefel hab ich ihr auch immer zugebunden. Sie war nämlich so bequem.»
Ingeborg: «Nein, ich konnte noch keine Schleife. Du warst immer geschickter.»

mit sieben

Ruth: «Wir haben in der Schule nie zusammengesessen. Das hatte meine Mutter gesagt. Die hatte Angst, wir würden schwatzen und uns ablenken. Und das haben wir dann brav gemacht. – Eigentlich waren wir artig.»

Ruth: «Manchmal war das ja gar nicht einfach, dich rauszulocken. Immer diese Leserei. Zeitungen, Bücher, alles. Ich hab ja lieber Sport getrieben ... Und wenn ich dann doch mal was gelesen hatte und bei dir ankam und es dir erzählen wollte, dann kanntest du es schon längst.
Zum Piepen!
So ist das heute noch!»
Ingeborg: «Aber ich laß mich doch inzwischen leichter rauslocken!»

mit einundzwanzig

mit fünfundfünfzig

Ein Traum von Ingeborg

1979: Ich gehe mit Ruth die Grube hoch. Plötzlich bleibe ich stehen und sage: Erinnerst du dich denn nicht? – Nein, woran? fragt Ruth. – Ich sage: Na hör mal, hier haben wir doch damals diesen Mann erschlagen und im Gebüsch versteckt. – Stimmt, antwortet Ruth, das war doch dieser Fiesling, der immer hinter uns hergelaufen ist. Na, das geschah dem recht! – Und keiner ist drauf gekommen, daß wir das waren! Und dann fangen wir an, uns unheimlich zu freuen, daß sie uns nicht erwischt haben.

Hoffentlich fürs ganze Leben

Christine ist neunzehn, hat gerade das Abitur hinter sich. Sie jobbt bei Hertie in Berlin, als Verkäuferin, mit wasserstoffblonder Punkfrisur. Sie muß Geld verdienen, weil sie zu ihrer Freundin nach Spanien will. Die war erst Studentin in Berlin, ist dann nach Spanien gezogen, wohnt dort mit einem Spanier zusammen und arbeitet in einer Apotheke.
Christine erzählt mir offen, ziemlich aufgeregt – und nachdenklich:

«Meine Beziehungen zu Frauen sind tiefer als zu Männern, ausgenommen schwule Männer. Weil ich da keine sexuellen Erwartungen habe und umgekehrt spüre und deshalb viel lockerer mit ihnen umgehen kann. Zu Hetero-Männern habe ich eigentlich wenig tolle Beziehungen. Ich glaube, mit Männern, mit denen ich schlafe, laufen unterschwellig sehr viele Aggressionen, wegen der Eifersüchteleien. Da kann ich nicht so offen sein. Denn der Mann hat immer Angst, was zu verlieren, und versteckt sich dann irgendwo. Bei Schwulen kann ich mich so geben, wie ich eben bin. Da brauche ich keine Angst zu haben, den an eine andere Frau zu verlieren.
Meistens entscheide ich mich bei Verabredungen für die Frau; es sei denn, daß es mit dem Mann irgendwas sehr Wichtiges wäre: daß er irgendwelche wichtigen Probleme hat und ich das Gefühl habe, der braucht mich jetzt wirklich, sonst fühlt er sich fallengelassen. Es kommt aber auch auf die Frau an: Wenn ich die sehr gut kenne, dann weiß ich auch, daß sie nichts dagegen hat, wenn ich mal unsere Verabredung verschiebe für den Mann. Aber es ist meistens so, selbst wenn ich sehr doll verknallt bin in einen Mann, dann nehme ich mir doch mehr Zeit für die Frau. Weil Frauen mir eben wichtiger sind. Bei Männerbeziehungen sag ich mir eher, die dauern aus meiner Erfahrung her nur 'ne kurze Zeit. Bei den Frauen weiß ich aber, daß es hoffentlich das ganze Leben dauert. Oder wenigstens mehrere Jahre, 'ne lange Zeit.

Das ist wahrscheinlich bei Frauen ihre Offenheit: daß wir viel mehr miteinander machen können. Daß wir über mehr Themen reden, ist eigentlich schwer zu behaupten, weil ich auch mit Männern zum Beispiel über Sexualität reden kann. Aber ich glaub schon, daß allein dadurch, daß die anderen Frauen eben auch Frauen sind und mit dem Frausein ihre Probleme haben, spezifische, die Männer eben nicht haben, daß dadurch auch eine viel engere Beziehung entsteht. Ich kann das so schwer sagen, warum ich mit Frauen besser klarkomme. Es ist eher so ein Gefühl.

Ich kann auch schwer allein sein. Hier in Berlin habe ich immer diesen Druck, ich muß abends weggehen. Muß aus dem Haus, unter Leute, ich kann nicht mit mir allein sein. Das ist auch mein Problem, daß ich viel zu viele Leute kenne hier, daß ich immer so viele verschiedene Leute wiedersehen muß. In Berlin ist im Moment keine einzige Frau, zu der ich die emotionale Bindung habe wie zu meiner Freundin in Spanien. Mit Irene in Spanien war das ganz einfach, als ich sie besuchte. Da bin ich auch zu Hause geblieben, wenn sie früher als ich ins Bett gegangen ist, weil sie morgens raus mußte zur Arbeit. Da kannte ich eben nicht so viele Leute, hatte auch gar nicht das Bedürfnis, immer in Diskos zu gehen.

Hier brauche ich immer irre viel Abwechslung, hab immer einen Drang, neue Leute kennenzulernen. In Spanien haben mir ein paar Leute gereicht, so ein paar Spanier, mit denen ich was zusammen gemacht hab, das lief ganz ruhig. Im Moment ist mein Lebenswunsch, daß ich irgendwo mit Irene wohnen kann oder in ihrer Nähe jedenfalls. Daß sie der zentrale Punkt für mich ist und die anderen Beziehungen eben mehr oberflächlich laufen.

Irene und ich, wir haben uns eigentlich sehr kompliziert kennengelernt. Letztes Jahr habe ich erst ihren Bruder kennengelernt, aber auch nur ganz kurz. Dem hab ich ein Bier geklaut gehabt, in 'ner Diskothek, also Gustav. Ihn habe ich eigentlich nicht näher kennengelernt, kaum mit ihm gesprochen, außer den Abend mal kurz. Aber dafür hab ich mich mit einem seiner schwulen Freunde angefreundet, der lebt in Westdeutschland, wo Gustav auch her ist. Mit dem Uwe, so hieß der, hab ich mir dann immer geschrieben. Und in seinen Briefen hat er mir auch schon mal was von Irene erzählt, die

nach Berlin gezogen wäre wie ihr Bruder Gustav. Ich hab sie damals aber nie kennengelernt, erst im Januar dann. Da war ich im Krankenhaus, und er war mal wieder hier. Und als ich aus dem Krankenhaus rauskam, da hab ich mich mit ihm verabredet, und er hat Irene mitgebracht. Die haben nie eine sexuelle Beziehung gehabt, denn er ist nur schwul. Wir saßen dann also zu dritt in dieser Oranienbar und kamen zu zweit so ins Gespräch, Irene und ich. Ich kann jetzt nicht mehr sagen, worüber, aber es hat sich so entwickelt, daß ich sie dann oft angerufen hab. Und wir uns dann auch oft getroffen haben in Berlin, wir sind viel zusammen weggegangen.
Irene ist sehr depressiv. In Spanien hat sie zum Beispiel auch einen Selbstmordversuch gemacht. Sie hat hier in Berlin kaum Freunde gehabt und alles ziemlich schwarz gesehen. Sie war hierher mit ihrem damaligen Freund gezogen, mit dem war sie sieben Jahre zusammen, schon vom sechzehnten Lebensjahr an, hat aber nie mit ihm geschlafen! Das war für ihn auch 'ne komische Sache. Und ich konnte es auch am Anfang überhaupt nicht richtig verstehen. Die haben in Westdeutschland zusammen studiert und da auch zusammen gewohnt. Beide kamen aus einem kleinen Ort. Und dann lief das so, daß sie sehr schnell den Vicente kennengelernt hat, in Spanien, das war die große Liebe für sie. Als ich sie kennenlernte, war sie mit dem alten Freund schon nicht mehr zusammen. Sie hatte neben mir auch andere Freundinnen in Westdeutschland, mit denen sie sich gut verstand. Und eben Uwe, den Freund von Gustav. Die Beziehungen sind aber jetzt alle durch mich in den Hintergrund gerückt. Das war für mich auch eine Überraschung, denn ich habe, wie es oft so ist, am Anfang Irene eher angehimmelt, als daß ich dachte, daß da 'ne gute beidseitige Beziehung entsteht. Weil sie eben mehr ein Denkertyp ist, der viel übers Leben nachdenkt und eben auch totalen Depressionen verfallen kann. Ich hab auch oft Depressionen, aber nicht in diesem Maße. Ich kann es eben besser überspielen, häng mich nicht in irgendwelche Sachen rein und isolier mich dann nicht. Und ich bin eben mehr ein Typ, der auch viel rumlacht. Ich dachte, daß sie mich oberflächlich und blöde findet. Aber es lief dann eben doch ganz anders. Vielleicht, daß ich auch ein guter Gegenpol war für sie. Sie meint, daß ich sie eben auch aus

vielen Sachen wieder rausgerissen habe, wenn wir zusammen weg waren. Daß ich eben mehr so sonnenscheinmäßig drauf war und nicht so finster, und das hat ihr sehr geholfen wohl.
Es ging aber mit der Freundschaft so richtig erst los, als ich bei ihr in Spanien war. Vorher haben wir uns sehr viel geschrieben. Sie ist, gleich nachdem wir uns erst zwei Monate kannten, nach Spanien runter. Wollte eigentlich nur fünf Wochen bleiben, ist aber für immer dageblieben. Ich dachte dann schon, daß es irgendwann auseinanderbröckelt, obwohl wir uns sehr mochten, als sie fuhr. Die Trennung war schlimm. Als ich dann erfuhr, daß sie nicht mehr zurückkommt, da dachte ich, na, wir werden uns schon weiter schreiben, aber Briefeschreiben ist 'ne ätzende Sache, da kommt man von einem ins andere, kann kein Thema wirklich bearbeiten, könnte man ja gleich Bücher schreiben. Und dann kann man ja doch die Stimmung nicht so vermitteln, wie einem ist. Und so wurden die Briefe denn auch von Mal zu Mal oberflächlicher.
Als ich dann zu ihr zu Besuch fuhr nach Spanien, da hatte ich eigentlich geringe Erwartungen, hab gedacht, mal sehen, wie's so ist, wenn wir so drei, vier Wochen aufeinanderhocken – und dann war's ganz toll.»
Was dann so toll war und warum Christine an Irene solch Gefallen fand, wird im 2. Kapitel über «Das Andere Ich» und «Die Symbiose» beschrieben. In diesem Kapitel hier über «Die eigentliche Beziehung» war Irenes Auffassung über sexuelle Beziehungen zu Männern und über Freundschaften mit Frauen mir wichtig. Klar, daß ihre Äußerungen voller Widersprüche sind; verständlich, daß sie nicht genug weiß, warum sie mit Frauen besser auszukommen glaubt. Denn es ist verdammt schwer, gerade für junge Frauen, die noch keine längere sexuelle Liebesbeziehung gelebt haben, herauszufinden, was für sie an einer Männerbeziehung wichtig ist und was sie mit Frauen verbindet. Es ist nur durchs Leben, durch Probieren zu erfahren, nicht durch Systeme für den Kopf. Und es wird mancher ein Leben lang nicht klar. Denn klar ist nur, daß wir erzogen worden sind, den Mann zu begehren, die Frau als Nebenbei zu mögen. Unsere Gefühle aber und auch die Ausstrahlung von Frauen auf viele von uns sprechen eine andere Sprache. Das führt zu der

Verunsicherung, die Christine ausspricht. Es macht aber auch Spaß, nicht in geraden Bahnen zu leben, oder? Mir jedenfalls. Deshalb wird dieses Protokoll aus Berlin noch in drei Folgen wieder auftauchen. Und ich kann nur versprechen: Es wird immer widersprüchlicher!

Zweites Kapitel

Die Vergleichssucht

«Du bist genau wie ich.» Zwei gegen den Rest der Welt. Früher hießen sie «Busenfreundinnen». Es fängt mit der ersten Klasse ungefähr an und endet für manche nie. Gemeinsame Abenteuer, später Einübungen in den Ernst der Liebe, gegen die Eltern, gegen die Erwachsenen, gegen die Männer.

«Genau wie bei mir», heißt es dann und meint, dadurch, daß wir immer anecken oder Pech haben, gehören wir zusammen. Warum aber gibt es so oft die unerklärlichen, unaufgeklärten Trennungen zwischen Frauen? Nämlich das plötzliche: «Ich hab mir nichts mehr zu sagen mit ihr.» Oder der plötzliche Knacks, die große Entfremdung nach Jahren. All das ist meiner Erfahrung nach nur die Kehrseite einer Verbindung, die darauf beruht, sich einzig im anderen zu spiegeln. Denn wenn die eine nicht mehr so ist, wie sie kurz vorher noch war, ist das Spiegelbild verzerrt, passen die Teile nicht mehr zusammen. «Du bist genau wie ich», bedeutet nämlich auch: «Du sollst genauso sein wie ich!» Und wenn sich eine anders entwickelt oder Neues ohne die Freundin erlebt, ist das Gewebe zerrissen, das die beiden Mädchen oder Frauen von einer Welt trennte, deren Bedingungen sie nicht anerkennen wollten – oder nicht konnten. Denn oft steht hinter der Spiegelung kein Narzißmus, keine übertriebene Selbstliebe – sondern eher das Gegenteil: ein Gefühl, den Mechanismen dieser Gesellschaft nicht zu genügen. Entweder nicht schön genug, noch nicht erwachsen zu sein, oder nicht klug genug, zu unintelligent in der Schule. Später geht das weiter, daß wir nie perfekt genug sind: Entweder glauben wir im Beruf oder in der Liebe, beziehungsweise Familie, zu versagen. Entweder fühlen wir uns zu häßlich oder zu dumm. Und gegen dieses Nie-genug-Können hilft allein das Schutz- und Trutzbündnis mit einer, der es auch so geht. Die beste Freundin. Im Innenraum der Frauenfreundschaft werden die Normen des feindlichen Alltags außer Kraft gesetzt. Aber wehe, eine der beiden verläßt den Rahmen des Bündnisses, verliebt sich, hat Erfolg, wird etwa Mutter, ohne daß wir es sind! Dann kommt alles durcheinander. Die Trennung passiert fast naturwüchsig, meist geht es mit der nächsten Freundschaft wieder ebenso.

Es ist ganz klar, wo eine enge Verwobenheit zwischen Menschen besteht, da ist man auch verletzbarer. Und Freundinnen können sich so verletzen, daß sie zwar äußerlich schnell darüber hinweggehen, jahrelang aber noch als Immerwiederkehrende in den Alpträumen der ehemaligen Freundin auftauchen.
«Du bist genau wie ich» heißt auch: «Dir soll es nicht besser gehen als mir!» – eine Verquickung auf der Basis von tief empfundener Kränkung. Das Schlimme ist, daß dies ja wirklich meist die Ausgangssituation vieler Frauenbiographien ist: gekränkt worden zu sein in ihrer Rolle als Mädchen, als junge Frau. Vom Vater fallengelassen beim ersten Freund etwa, vom ersten Freund wegen einer anderen, von der Mutter als Konkurrentin kleinzuhalten gesucht, von den Ausbildern selten so ernst genommen wie Jungen usw., usw. Die Spiegelung ineinander als gleichermaßen Gekränkte kann aber schwer die Grundlage einer lebendigen, also auch wachsenden Beziehung sein. Das ist das Dilemma. Denn wenn sie das bleibt, dann muß die eine jede positive Veränderung, jedes Selbstbewußtwerden der anderen als Bedrohung sehen. Es besteht die große Gefahr, sich im Mittelmäßigen zu beschränken. Sich in der Entwicklung zu beschränken, anstatt wirklich Gutes in einer Freundschaft füreinander zu tun.
Dasselbe passiert in der symbiotischen Frauenfreundschaft, nur anders: «Was ich nicht kann, muß dir gelingen» heißt hier die Devise. Und es heißt auch, daß die Rollen sehr festgelegt sind: schwach und stark, vernünftig und flippig. Kontaktfreudig und komplexgeladen.

Es heißt, daß eine darin verharren kann, sich nicht zu verändern, Herausforderungen nicht anzunehmen: Sie ist ja so schwach, und das macht die andere schon für sie. Es heißt aber auch eine verquere Einschränkung für die andere: «Wehe, wenn du so schwach bist wie ich!» Sie darf ihren Podest nicht verlassen, auf den sie sich halb gedrängelt hat und halb geschubst worden ist. Die «kleine Maus», die die große Freundin braucht, übt sich in der Art, wie sie die Dinge festlegen will, unwillkürlich in ein Muster ein, das später so viele Frauen in Verhältnissen mit Männern scheitern läßt. Sie sind sauer über «seine» Schwäche. Dabei darf nicht verschwiegen werden, daß die meisten Männer auch mit weiblicher Stärke ins Schleudern kommen. Aber wir wollen ja bei uns bleiben.

Festzuhalten ist, daß die Idealisierung der Freundin, die gleichzeitig oft unbewußt eine Festlegung ist, nicht aus einer unerklärlichen Dummheit geschieht, sondern wohl eher aus der Notwendigkeit, «tolle Frauen» neben sich zu haben. Denn damit wird man selbst interessanter und beweist die Stärke von Frauen «an sich». Und das haben wir anscheinend noch immer sehr nötig. Daß Frauen interessante Persönlichkeiten sein können, wird einem ja nicht gerade auf Schritt und Tritt zugespielt. Wir müssen es gegen das offizielle Bild in jeder Generation neu entdecken, denn die offizielle Version heißt: Frauen werden erst interessant durch den Mann, der sie liebt, durch die Kinder, die sie aufziehen, durch den Chef, dessen Schmuckstück sie sind. Oder ist das schon so anders? Wer als Mädchen wie ich felsenfest daran glaubte, den Männern mindestens ebenbürtig zu sein, wird irgendwann darauf gestuckt, dies als Illusion zu betrachten. Das erklärt, warum es wohl so wichtig ist, andere Frauen, enge Freundinnen auf dieser irritierenden Schaukelpartie Leben bei sich zu haben, als Halt, als Versicherung, daß es mehr von der eigenen Sorte gibt, auch als Vergleich, ja. Aber schlecht wird es eben, wenn das Vergleichen als Versicherung seiner selbst in die Vergleichssucht ausartet. Denn dann wird das Stärkende zum Zwang, zum Korsett, aus dem niemand unverletzt rauskommt: ich nicht und sie nicht.

Mein Traum wäre, daß ich nicht andere Frauen mit der Abschätzungsbrille angucke: «Ist sie wie ich, besser, mickriger? Macht sie es wie ich? Könnte sie mir gefährlich werden?» Sondern: «Oh, die ist ja interessant!» Oder: «Ach ja, die macht das ganz anders als ich, aber auch gut.» Oder auch: «Hui, diesmal geht sie ja ganz anders ran als sonst, witzig! Muß mal fragen, was das zu bedeuten hat.»

Und weiter geht es mit der Geschichte von *Christine* aus Berlin, die ihre Freundin Irene in Spanien besuchte und dabei so viel über sich selbst erfuhr.

Wir sind sehr verschieden

«Sie ist ein Mensch, der sehr viel die anderen beobachtet. Wenn sie zum Beispiel in 'ne Diskothek geht, dann hopst sie nicht rum, obwohl sie auch gern tanzt. Aber eben nicht so auf die Art: Na, mal gucken, was so für Leute da sind! Sondern, wenn sie Leute beobachtet, dann sitzt sie auf dem Barhocker und guckt ganz intensiv und macht sich Gedanken über die. Ob das nur Fassade ist, wie die tun. Ich meine, ich mache mir auch Gedanken über die Leute, aber nicht so intensiv wie sie. Nur wenn's drauf ankommt. Sie ist eben mehr ein stiller Typ. Äußerlich hat sie unheimlich Ähnlichkeit mit Liza Minelli. So ganz große braune Augen, sehr schöne Augen. Braune Haare und – also sie wirkt so natürlich schön, nicht aufgemotzt, wenn ich sie mal in Gegensatz zu mir setzen würde. Wenn ich in 'ne Diskothek gehe, bewege ich mich immer schon dementsprechend, achte also irre auf mein Äußeres. Sie eben nicht, sie gibt sich ganz natürlich, sie bewegt sich so, als ob sie einkaufen geht. Oder als wenn sie mit mir zu Hause sitzt. Und das ist 'ne Sache, die mich eben schon mal sehr an ihr fasziniert. Wenn man sie näher kennt, ist sie ja nicht selbstbewußt. Selbstbewußt in dem Sinne schon, daß sie genau weiß, was sie will: Sie hat eben nie mit einem Mann geschlafen, weil sie nur den Anspruch hatt. Wenn, dann muß sie den auch lieben. Mit dem vorigen Mann hatte sie nie das Bedürfnis zu schla-

fen, obwohl sie ihn liebte. Aber eben nicht körperlich. Diese Art, dazu zu stehen, finde ich toll.
Sie hat das erste Mal mit Vicente in ihrem Leben mit einem Mann geschlafen, da war sie schon 24. Sie lernt schon Männer kennen, aber sie hat eben nie darauf, so wie ich, gelauert, die große Liebe kennenzulernen. Sie ist auch mit Vicente ganz langsam an die Sache rangegangen. Nicht immer alles so überstürzt. Als ich jetzt aus Spanien wiederkam, da wollte ich mir von ihr 'ne Scheibe abschneiden und hab mir gedacht, ich muß auch alles ganz anders machen. Ich muß ganz langsam auf die Leute zugehen und muß mir wirklich ganz sicher sein, daß die mir sympathisch sind. Das ist eben eine Sache, die ich an ihr bewundere. Ich weiß natürlich, daß ich nicht werden kann wie sie. Ich möchte auch nicht werden wie sie. Aber ich könnte viel von ihr lernen. Ich hab auch schon viel von ihr gelernt. Allein, weil sie auch nicht zu allem ja und amen sagt. Sondern sie kritisiert mich sehr stark.
Das ist eine Sache, die für mich unheimlich wichtig ist. Daß man sich streitet, daß man sich wirklich Gedanken über etwas macht. So lief das auch in Spanien, daß sie viele Sachen an mir kritisierte, aber auch umgekehrt auf mein Urteil viel Wert gelegt hat: was ich darüber denke, was sie so sagt und was sie will. Bei mir war es immer der Punkt: meine Beziehungen zu Männern. Vielleicht tut es ihr weh, wie ich mit mir umgehe. Sie sieht so was auch als Nymphomanie. Also nicht vom medizinischen Standpunkt her, ob die nun nie zum Orgasmus kommt, am liebsten deshalb drei Männer am Abend in sich reinbuttert. Sondern daß ich irre viel Selbstbestätigung brauche. Und eben gerade von den falschen Leuten. Daß ich mich an irgendwelche Männer ranschmeiße, wo ich merke, die fahren auf mich ab, von denen ich dann irgendwann feststelle, die sind eigentlich gar nicht interessant. Und mich dann gleich wieder in die nächste Beziehung reinstürze. Und das irgendwie brauche, weil ich ihrer Meinung nach gar keine feste Beziehung haben will. Weil ich eben meine Freiheit haben will und mir das selber aber gar nicht eingestehe. Ich hab mich damit sehr auseinandergesetzt, bin aber trotzdem zu keinem Schluß gekommen. Weil ich eigentlich, glaube ich, schon 'ne längere Beziehung haben will zu einem Mann. Die auch

meinetwegen Jahre geht. Gerade, als ich zurückkam aus Spanien und mich hier sehr allein fühlte, obwohl ich mit vielen Leuten zusammen war. Ich wollte eben ähnlich wie zu ihr hier auch eine kontinuierliche Beziehung zu jemand, und durchaus zu 'nem Mann. Aber ich weiß eben auch, daß ich das immer falsch anpacke. Ich lebe ja auch auf dem Standpunkt, ich könnte am nächsten Tag tot sein. Ich hab immer Angst davor, daß ich mich verliebe und monatelang hinter jemandem herlaufe und es klappt; und dann finde ich den total bescheuert. Deshalb will ich das wahrscheinlich immer möglichst schnell ausprobieren. Obwohl ich mir vom Verstand her sage, es ist vielleicht besser, wenn man so was langsam angehen läßt. Ich hab auch schon früher darüber nachgedacht, aber eigentlich hat das Irene erst richtig ausgelöst. Nach Spanien haben mich zwei Männer sausen lassen, nacheinander, in die ich mich ernster verliebt hatte. Wahrscheinlich haben die nun wieder gemerkt, daß ich was Ernsteres haben wollte. Aber ich war eben auch gleich mit denen ins Bett gegangen und wirkte erst so locker. Das ist irgendwie so, als wenn ich ganz dollen Hunger habe, mir aber ständig Süßigkeiten kaufe, davon kann einem auch schlecht werden.
Am Anfang dachte ich immer, Irene wäre die Stärkere. Aber dadurch, daß sie oft so depressiv war und ich sie in Spanien dann irre bearbeitet habe, vor allen Dingen, daß sie nicht schuld ist am Tod ihres Bruders, ist das anders geworden. Ich hab ihr einfach gesagt, wenn du dich umbringst, dann raste ich aus. Dann schlage ich alles zu Klump. Dadurch habe ich sie natürlich unter Druck gesetzt. Aber jetzt geht es ihr wirklich schon besser. Und sie hat mir auch gesagt, sie wird es nicht tun, weil sie an mich denkt. Und weil sie es jetzt auch gar nicht mehr will. Ich glaub, daß sie jetzt daran denkt, wenn sie mal wieder an so eine Grenze kommt, die ja jeder kennt, daß sie dann daran denkt, was sie anderen damit antut, die ihr wichtig sind. Aus ihren Briefen zu schließen, bin ich ihr schon genauso wichtig wie sie mir.»

Eine ähnliche enge Beziehung zu der «besten Freundin» hat ein anderes Mädchen:

Katharina ist achtzehn und lebt in Westberlin mit ihrem Vater und dessen Freund zusammen. Ungefähr ein Jahr vor unserem Gespräch hatten sich ihre Eltern getrennt. Sie lebt wohngemeinschaftsähnlich wie eine Erwachsene, geht aber noch aufs Gymnasium. Ihre beste Freundin Ellen geht auf dieselbe Schule, ins selbe Semester.

Damit ich rausfinde, wer ich bin

«Meine jetzige Freundin ist Ellen. Die habe ich in der zehnten Klasse kennengelernt. Da hatte ich eigentlich ein Jahr lang keine feste Freundin. Ich hatte zwar immer so einen festen Freundeskreis, aber mehr auch nicht. Man machte eben was zusammen, man war nicht allein.

Ellen kam neu in die Schule und hat mich fasziniert. Sie ist eineinhalb Jahre älter als ich und hatte schon viel mehr Erfahrung. Sie kam von der Waldschule her, da ist sie sitzengeblieben und abgegangen. Als sie zu uns kam, hat sie gleich einen Typen von unserer Schule kennengelernt, mit dem sie sehr fest zusammen war. Da haben wir uns eigentlich noch nicht so gut verstanden. Ihre Auffassungen von einer Freundschaft waren schon viel weiter als meine Erwartungen. Sie hat mich eben fasziniert – und deshalb wollte ich mit ihr befreundet sein. Aber sie stellte schon Ansprüche: Freundinnen sein heißt, daß man sich aufeinander verlassen kann, daß man sich wirklich toll unterhalten kann. All so 'ne Sachen. Die hab ich eben noch nicht erfüllen können, deshalb war das am Anfang alles noch Wischiwaschi. Sie hatte vor mir 'ne feste Freundin, mit der war es auseinander gegangen. Und ich hab natürlich gedacht, du mußt jetzt das gleiche für sie erfüllen, was die andere für sie gehabt hat! Du mußt ihr weiterhelfen können. Und dann hab ich mich immer bemüht, ganz kluge Sachen zu sagen, versucht, alles genauestens zu analysieren – aber es klappte einfach nicht! Das war natürlich weniger schön für mich. Aber sie hat dann zum Glück gesagt: Hör doch mal auf, alles immer zu analysieren! Sag doch einfach mal, was du denkst! Zum Glück hat das sie also auch gestört.

Dann war irgendwann mit ihrem Freund Schluß, letztes Jahr im Sommer – und da fing es eigentlich an, richtig intensiv zwischen uns zu werden. Es ging ihr da sehr schlecht, und da war ich eben da, bin zu ihr gekommen, wenn sie sich echt mies gefühlt hat. Zum erstenmal haben wir uns sehr viel unterhalten, und ich hab gemerkt, daß sie mir viel sagen kann. Sie hat mir klargemacht, daß ich eigentlich mit mir selber spiele, daß ich eigentlich gar nicht weiß, wer ich bin. Sie hat mir aber auch weitergeholfen, hat versucht, mir zu helfen, damit ich rausfinde, wer ich denn nun bin.

Die Trennung meiner Eltern hat mir damals unheimlich zu schaffen gemacht. Da haben wir allerdings anfangs wenig drüber geredet. Ich hab ihr zwar erzählt, was so passiert ist, aus meiner Sicht, aber mein Verhalten, meine Reaktionen meinen Eltern gegenüber, das haben wir damals noch weggelassen.

Ich hatte mich damals unheimlich in einen Jungen verliebt, mit dem es aber nichts wurde, und das habe ich gar nicht richtig gepackt. Sie hat versucht, mir darüber hinwegzuhelfen. Es ist für mich zwar noch heute schwierig, aber ich hatte gleich unheimlich viel Vertrauen in sie, ich hab das Gefühl gehabt, ich kann ihr alles erzählen.

Doch zeitweise war es dann wieder so, daß es ein richtiger Konkurrenzkampf war. Sie ist unheimlich hübsch. Und ich kam mir immer so vor wie das dicke, kleine Pummelchen mit Froschaugen. Ich hab dann zwar angefangen, mich zu schminken, irgendwas zu verändern, ich fand mich dann vorm Spiegel auch unheimlich toll. Aber sie mag so was absolut gar nicht. Sie findet mehr diese natürliche Schönheit gut. Und wenn wir dann zusammen weggegangen sind, hab ich immer geguckt, wer hat sie denn jetzt wieder angestiert und wie oft – so daß immer Spannungen da waren. Darüber können wir erst in letzter Zeit reden. In letzter Zeit gehen wir auch nicht mehr zusammen in die Disko. Was ich sehr schade finde, denn es war doch immer toll, allein vom Tanzen her. Aber sie ist weniger daran interessiert, sie geht mehr ins Café, da findet sie auch immer Leute, mit denen sie Spaß hat. Während ich immer mehr erst in diese Diskophase reinkam, wo man die Selbstbestätigung kriegt, die man haben will: eben angeguckt werden. Und das hatte sie nie nötig. Sie findet sich zwar selbst überhaupt nicht schön, zeitweise sogar unheimlich häßlich. Ich sag dann immer: Ich verstehe dich überhaupt nicht, was soll denn das? Am Anfang dachte ich immer, sie will jetzt Komplimente hören. Aber das stimmt nicht. Sie hat 'ne sehr schöne Ausstrahlung, wobei man gar nicht leicht sagen kann, was es genau ist. Als ich sie das erste Mal sah, fiel mir auf, sie sah einfach unheimlich erwachsen aus. Nicht sehr große, aber ziemlich intensive, dunkle Augen. Hat 'ne gerade Nase, die etwas groß ist, aber keine Hakennase. Und einen unheimlich schön abgegrenzten Mund, so in dem Stil wie Ingrid Bergmann, auch die Gesichtsform. Das ist für mich einfach 'ne interessante Frau! Sie hat für mich 'ne wahnsinnige Ausstrahlung, zumindest am Anfang gehabt. Jetzt registriert man das nicht mehr so, ich kenne sie jetzt zwei Jahre. Die Konkurrenz hörte eigentlich erst nach eineinhalb Jahren auf, nachdem wir ein halbes Jahr wirklich sehr intensiv zusammenwaren. Ich habe ihr seitdem wohl das Gefühl gegeben, daß ich selber mehr zu mir gefunden habe, soweit man das überhaupt sagen kann. Ich kann es nicht definieren, aber ich bin irgendwie nicht mehr so sprunghaft, weiß mehr, was ich will. Als ich angefangen habe, über Beziehungen zu reden, was meine Vorstellungen, was meine Wünsche da sind, da hat sie eben gemerkt, daß ich da schon so was wie eine klare Linie habe, die nicht so undurchsichtig ist. Das hat sie gefreut. Am Anfang war es ja so, daß ich ihr nichts entgegenwerfen konnte, ich hab immer bedingungslos angenommen, was sie gesagt hat, und nur versucht, ihr noch mit klugen Sprüchen weiterzuhelfen. Dabei hat sie mir später gesagt, sie brauche es auch, daß ihr mal einer einen draufgibt. Unser Verhältnis ist dadurch besser geworden, daß ich in letzter Zeit auch mal Kritik an ihr übe, was ich früher nie konnte.

Ich hab noch 'ne zweite Gruppe, das ist der Handball. In dem Verein bin ich schon seit knapp vier Jahren. Das ist ganz merkwürdig, Handball spiele ich sehr gern – aber die Frauen da ... irgendwie ist es sehr lustig, man kann Quatsch machen – aber viel mehr wohl nicht. Aber das ist auch ein Teil von mir: Das muß ich zugeben, ich bin halt ganz anders mit den Leuten da als mit Ellen und den anderen. Ich brauch irgendwie beides. Sicher das eine mehr und das andere weniger, aber irgendwie finde ich beides gut. Damit hat Ellen Schwierigkeiten: Also die Leute vom Handball, die findet sie ja nun absolut blöde. Weil die nur so rumkichern und rumalbern, nicht so witzig, wie wir das auch können, sondern eben dumme Sprüche machen. Und ich bin dann auch noch so mehr oder weniger der Mannschaftsclown. Ellen hat Schwierigkeiten, sich das überhaupt vorzustellen. Aber ich hab mich da eben ganz gern reindrängeln lassen in die Rolle: Ich war immer lustig, hab auch viel Scheiße gebaut, immer alles mitgemacht. Ich will nicht sagen, daß die Leute da eben blöd sind oder nichts im Kopf haben. Die haben eher ganz andere Sorgen, wenn ich sie so höre, mit denen habe ich wenig zu tun.

Ich glaube aber, meine Toleranzgrenze gegenüber anderen Leuten ist wesentlich höher als Ellens. Ich habe mehr Geduld; wenn ich Leute kennenlerne, die sie schnell als oberflächlich einstuft, warte ich ab. Und meist kann das dann auch lustig werden. Aber das ist ihr nicht so wichtig. Okay, das erwarte ich auch nicht von einer Freundschaft, man kann ja auch nicht alles miteinander teilen und gut finden. Wir haben da auch wirklich unterschiedliche Interessen. Ich hab eben meinen Handball. Für mich ist wichtig, daß ich das Gefühl hab, ich mach was: irgendwo aktiv sein, nicht immer nur reden. Sie hat mal getanzt und es wieder aufgegeben. Im Moment macht sie sehr wenig und vermißt das auch. Sie ist da auch unzufrieden mit sich.

Was mich an ihr nervt, ist vielleicht etwas Schwieriges: Sie ist, wenn sie einen Freund hat, sehr widersprüchlich. Also sie redet mal so und mal so. Aus einer momentanen Stimmung heraus sagt sie Sachen, die überhaupt nicht stimmen, wo ich dann auch schwer das Gefühl hab: Der Meinung ist sie eigentlich gar nicht! Solche Sachen passieren sehr häufig, oder auch, daß sie so intolerant ist: Bei jedem kleinen bißchen, wenn ich nur bei den falschen Leuten stehe, in der Schule zum Beispiel, versucht sie, mir klarzumachen, daß ich mich jetzt völlig anders als sonst verhalte. Das verunsichert mich unheimlich. Wenn wir allein sind, kann ich aber bei Ellen am meisten so sein, wie ich mich gerade fühle.»

Warten auf Nele

von
Norgard Kohlhagen

So hatten wir uns das als Kinder vorgestellt: Eine blumengeschmückte, glitzernde Stadt am Meer, in allen Straßen Musik und fremdartige Gerüche, überhaupt alles erregend neu, bunt, verrückt und nur dazu da, von uns entdeckt zu werden.
«Glaubst du, wir kommen da wirklich hin?» fragte ich manchmal und wartete nur auf Neles Antwort, die ich schon im voraus wußte: «Aber klar doch!»
Sie hat recht behalten. An diesem vierzehnten Juli stehe ich in Nizza (wieso haben wir uns eigentlich DIESE STADT als Traum ausgesucht?) an der Place Masséna, und die Lautsprechermusik vom Boulevard des Anglais dröhnt in meinem Kopf. Es ist heiß, unerträglich heiß hier, Nizza ist aufdringlich, unruhig. Nizza macht mich nervös. Oder ist es das Warten auf Nele?
Wie lange haben wir uns nicht gesehen? Es kann zehn Jahre her sein. Nein, unmöglich. Doch ich kann das jetzt nicht genau ausrechnen.
«Bin Mitte Juli in Südfrankreich», hat Nele geschrieben. «Habe vor, ein paar Tage in Nizza zu verbringen. Könnte dich dort treffen.»
Kein Ich, in keinem ihrer Sätze ein Ich. Läßt sie schon lange weg. Kenne ich mittlerweile von ihr. Habe ich aber immer noch nicht verstehen können.
Nele, wie wirst du aussehen? Wir sind jetzt erwachsene Frauen, wir beide. Wir sind nicht mehr die kleinen Mädchen, die neugierig warten, wie «das Leben» geht. Wir sind nicht mehr «beste Freundinnen», schon lange nicht mehr. Aber wir werden uns wiedersehen. Wir werden uns an einem Ort treffen, den wir uns früher erträumt haben, ausgedacht haben, den wir auf unsere Zeichenblocks gemalt haben, mit Tusche. Du hast viele kleine Männchen auf den Straßen herumspazieren lassen. «So viele, daß niemand sie zählen kann», hast du gesagt und eilig immer neue bunte Tupfer auf dein Bild

gesetzt. Du warst schneller als ich. Aber das hat mich nicht gekränkt. Ich habe eine graue Stadtmauer um Nizza wachsen lassen, und du warst damit einverstanden. «Obendrauf wachsen Palmen», hast du bestimmt, «und wir klettern hoch und ruhen uns da aus, wenn wir lange genug in der Stadt waren.»

Ich war jetzt lange genug in der Stadt, Nele. Die Altstadt habe ich kennengelernt und den Betrieb auf dem Blumenmarkt, am Kieselstrand mit den blauweißen Sonnenschirmen war ich und im Hafen, wo die Schiffe nach Korsika abfahren. (Weißt du noch, wie wir gemeinsam «Colomba» von Prosper Mérimée lasen und unbedingt, sofort, auf der Stelle nach Korsika wollten?) Den Nizza-Salat, Nele, habe ich ebenfalls ausprobiert, er schmeckt hier nicht anders als an irgendeinem beliebigen Ort an der Mittelmeerküste. Lieber gehe ich mit dir Eis essen in Nizza, wenn du kommst. «So zwischen eins und zwei», war deine Zeitangabe. Den Treffpunkt suchte ich aus: Place Masséna, kein Problem, ihn zu finden.

Hier stehen und auf dich warten ...

Erkenne ich dich sofort wieder? Damals, als ich dich zum erstenmal sah, hattest du eine «Kränzchenfrisur», ich glaube, das gibt es heute gar nicht mehr. Lange blonde Haare – alle Heldinnen aus den Mädchenbüchern, die ich verschlang, sahen so aus: blond mit strahlenden blauen Augen. Ich schwärmte für Pucki und Nesthäkchen und Goldköpfchen, und dann kam Nele, und die gab es wirklich.

Wir saßen nebeneinander, gleich in der ersten Stunde, als sie neu in unsere Klasse kam. Daß wir Freundinnen wurden, geschah schnell, leicht und selbstverständlich; es gab keinen Grund, lange darüber nachzudenken. «Willst du abbeißen?» fragte sie in der Pause, als wir eingehakt zusammen über den Schulhof gingen. Ich mochte «abbeißen» nicht und «eingehakt gehen» erst recht nicht. Aber bei Nele war das anders.

Nele hatte sich eine winzige himbeerrote Mütze gehäkelt, die sie «Klecks auf dem Hinterkopf» nannte. Eines Tages brachte sie mir ein genaues Abbild ihrer Mütze mit. Auch selbst gemacht: von ihr für mich.

Unsere Freundschaft kann niemand zerstören, weil sie anders ist als alle sonstigen. Wir haben eine Geheimsprache, die niemand außer

uns kennt. Die anderen Mitschülerinnen schreiben in mein Poesiealbum blumenverzierte Sprüche:
«Marmor, Stahl und Eisen bricht,
aber unsere Freundschaft nicht.»
Oder:
«Als Freundinnen lernten wir uns kennen,
als Freundinnen werden wir uns trennen,
als Freundinnen werden wir uns wiedersehn,
bis wir vor Gottes Throne stehn.»
Sie kleben Glanzbildchen mit schnäbelnden Tauben und betenden Engeln in mein Album und verschnörkeln auch die linken Seiten, die eigentlich leer bleiben sollen:
«In allen vier Ecken soll Liebe drin stecken.»
Nele aber:
Nele setzt mit ihrer großen, geraden Schrift ein Zeichen auf die Seite, die für sie frei geblieben ist, ein Zeichen aus unserer Geheimsprache. Das kann niemand außer uns beiden lesen. So ist Freundschaft.
Unzählige Briefchen gehen zwischen uns hin und her. Wir dürfen in den Schulstunden nicht mehr nebeneinander sitzen, weil wir zu viel «schwatzen». Also senden wir uns schriftlich unsere Mitteilungen zu, denn die Zeit von einer Pause zur anderen ist viel zu lang. Nele hat keinen Respekt vor Lehrern. Unbekümmert dichtet sie drauflos, wenn ihr etwas in den Sinn kommt. «Schuckel, dieses Negerweib, wackelt mit dem Unterleib», steht auf einem Zettel, den sie mir in der Englischstunde zukommen läßt. Schuckel heißt unsere Englischlehrerin, und ich bekomme einen Tadel von ihr ins Klassenbuch, weil ich Neles Briefchen nicht rausrücke und nicht gestehe, was mich so zum Lachen gebracht hat. Aber ich würde doch Nele nicht verraten, Nele, meine Freundin.
«In meinem Kopf», sagt Nele, «da laufen dauernd neue Filme. Da ist immer was los.» Sie übt jeden Morgen Spagat, Männer-Spagat, und das versuche ich neuerdings auch. Vielleicht werden wir Frauen-Weltmeister im Männer-Spagat. Wir ziehen uns unsere Strickjacken falschrum an und helfen uns gegenseitig beim Hinten-Zuknöpfen.

Wir laufen über eine Margueriten-Wiese, barfuß. Nachher sagt Nele, jetzt müssen wir eine Mutprobe machen, nämlich barfuß die Bahngleise entlanggehen, ohne Angst, daß ein Zug kommt. Einverstanden, Nele. Wenn wir zusammen sind, sind wir stark und ohne Angst.
Zum Geburtstag bekommt Nele ein Tagebuch. Ich wünsche mir auch eins. Von nun an schreiben wir uns gegenseitig Briefe in unseren Tagebüchern. Manchmal lesen wir uns daraus vor.
Wenn sie einmal ohnmächtig umfiele, hat Nele ausführlich in ihrem Tagebuch erwogen, von wem möchte sie eigentlich aufgehoben werden? Ich bin enttäuscht, als sie mir das Ergebnis vorliest. Nicht von mir würde Nele sich aus der Ohnmacht erwecken lassen, nein, von Axel Millig, bei dem sie in der Judo-Gruppe ist. Aber in einem Bett schlafen – das möchte sie nur mit mir. Nach einem Schulfest übernachte ich bei ihr. Wir liegen dicht nebeneinander. Nele kitzelt mich im Nacken. «Hast du schon mal richtig geküßt?» fragt sie. Sie hat auch noch nicht.
Selbstverständlich werden wir einander berichten, wenn eine von uns DAS erlebt hat. Überhaupt werden wir so nach und nach hinter alle Geheimnisse kommen. Wieso, zum Beispiel, gibt «Camelia allen Frauen Sicherheit und Selbstvertrauen»? Was ist eigentlich drin in dieser blauen Packung, über die die meisten Mädchen aus unserer Klasse überlegen kichern? Wann sind wir so weit, daß wir «nicht mitturnen» können? Noch lesen wir Rilke, lesen uns atemlos und aufgeregt unsere Lieblingszeilen vor:

«Ich möchte einer werden so wie die,
die durch die Nacht mit wilden Pferden fahren,
mit Fackeln, die gleich aufgegangnen Haaren
in ihres Jagens großem Winde wehn.
Vorn möcht ich stehn wie in einem Kahne,
groß und wie eine Fahne aufgerollt.»

Ja, so wird unsere Zukunft sein. Nie werden wir so sinnlos rot werden, nur weil irgendein Junge uns grüßt, was kann daran denn schon wichtig sein?

Später, wenn wir genug Geld zusammen haben, reisen wir nach Frankreich. Wir stellen uns eine «Tour de France» nach unserem Geschmack zusammen. Nizza, diese glitzernde Stadt da unten an der Mittelmeerküste, wird der Höhepunkt unserer Fahrt sein.
«Glaubst du, wir kommen da wirklich hin, Nele?»
«Aber klar doch!»
Es begann für mich unmerklich, so daß ich den Anfang der Veränderung nicht beschreiben kann. «Nele macht sich», nannten unsere Klassenkameradinnen es. Nele, die immer ein bißchen pummelig gewesen war, kam irgendwann mit einem «Schmachtgürtel», so hieß das, in die Schule. In der Pause wurden die Taillenweiten gemessen. Nele war am schmalsten von uns allen. Nele trug ihre Haare jetzt offen. Nele probierte Seidenstrümpfe aus. Ich lief neben ihr her und versuchte, mit ihr Schritt zu halten. «Du brauchst doch deine Wimpern nicht zu tuschen», sagte die neue Nele zu mir, «deine sind schon von Natur aus ein Traum.» Meinte sie das ernst? Wieso zweifelte ich überhaupt daran? Was geschah mit uns?
Nele, bilde ich mir das ein, oder findest du mich wirklich nicht mehr «spannend» genug? Warum kann ich mit dir darüber nicht reden?
«Knutschen», sagt Nele in der großen Pause nach der Mathearbeit zu mir, «Knutschen ist genau dasselbe, als ob man jemand die Hand gibt. Aber der Millig, der geht ganz schön ran!»
Sie berichtet von Erikas Geburtstagsfeier, «eine richtige Fete, sage ich dir, mit allem Drum und Dran». Mehr erfahre ich nicht.
Nele geht jetzt in den Pausen mit Axel Millig, der zwei Klassen über uns ist. Nele macht kleine Schritte neben ihm und legt den Kopf nach hinten. Manchmal guckt sie nach unten, wenn sie mit ihm redet. Sogar ihr Lachen erkenne ich nicht mehr wieder. Nele hört sich Fußballberichte an und lacht, wenn der Millig sagt, daß «Frauen davon keine Ahnung haben». Nele liest Sportzeitungen und schneidet die Tabellen aus, auf denen die Ergebnisse stehen. Nele strickt einen Schal, damit der Millig nicht friert, wenn er im Stadion sitzt. Nele hat keine Zeit mehr für mich.
Das ist doch ganz normal, tröstet mich meine Mutter, es ist eine folgerichtige Entwicklung, wenn Mädchen sich in einem bestimmten Alter von ihrer sogenannten «besten Freundin» ablösen und

hauptsächlich einen Freund haben, der sie womöglich später heiratet.
«Sag bloß, du machst das immer noch?» lacht Nele, als ich ihr erzähle, daß ich in meinem Tagebuch nach wie vor an sie schreibe.
Ich klammere mich an den Titel einer Hemingway-Geschichte, die ich gerade gelesen habe: «Das Ende von etwas.»
«Das mit Nele, das ist schließlich nur ‹etwas›, das zu Ende geht», steht in meinem Tagebuch. Aber heimlich weine ich, als ich Pat Boone mit «When I lost my baby» im Radio höre, weil ich dabei an Nele denken muß, und daran, daß ich sie verloren habe. Zur Hochzeit – Nele heiratet als erste aus unserer Klasse kurz nach dem Schulabschluß – schicke ich ihr ein selbstgemachtes Fotoalbum, Aufnahmen von Klassenfahrten, Wanderungen, Schulfesten, Bilder von UNS.
«Habe nun viel mit meiner Aussteuer zu tun. Bin am Wohnungseinrichten. Lade dich bald einmal zu uns ein», kommt von Nele als Antwort.
Hastige kleine Briefe, flüchtig hingekritzelt, läßt Nele mir in den nächsten Jahren zukommen. Sie läuft, denke ich mitunter, sie läuft so schnell, daß ich sie schon längst aus den Augen verloren hätte, guckte sie sich nicht manchmal kurz nach mir um.
Neles erstes Baby. Neles Scheidung. Neles Plan, nun Lehrerin zu werden. Neles Amerikareise «ohne Anhang, verstehst du, um zu mir selbst zu kommen». Und jetzt also: Neles plötzlicher Entschluß, sich mit mir in Nizza zu treffen, in Nizza, wo ich auf einer «Dienstreise» bin. (Früher hätten wir über dieses Wort gelacht.)
Natürlich hat ein solches Wiedersehen mit unserem Kinderwunsch von DAMALS nichts zu tun. Wir sind zwei erwachsene Frauen, die zufällig in irgendeiner Stadt an einem heißen Sommermittag zusammenkommen werden. Reisen ist nichts Erregendes mehr für mich. Ich werde bezahlt dafür, ich schreibe Berichte darüber, ich verdiene Geld damit. Nele, ich könnte dir Tips für Urlaub am Nordkap geben und dir sagen, wo du dich auf Formentera wohl fühlst und wann Mallorca am schönsten ist. Aber darum geht es nicht. Es geht um diesen Riß/Bruch/Knacks, der uns getrennt hat, voneinander getrennt hat. Endgültig? Jetzt kommen mir großartige Vokabeln in

den Kopf, während ich auf dich warte. Es wird an der Umgebung liegen. Hier ist alles großartig und darum beunruhigend.
Habe ich zu viel in unsere Freundschaft «hineingelegt»? Möglicherweise war es tatsächlich «normal», wie damals meine Mutter sagte, war es eine «folgerichtige Entwicklung, daß wir uns voneinander ablösten»?
Ich würde gern mit dir auf die kalkweißen Felsen klettern, die zwischen Marseille und Cassis sind und die ich liebe. Barfuß und ohne Angst.
Aber gleich, wenn du kommst, werden wir statt dessen durch die Altstadt von Nizza bummeln, Café trinken, Eis essen, uns gegenseitig vorführen, wieviel wir noch von unserem Schulfranzösisch behalten haben.
Habe ich dich manchmal beneidet, weil du schneller warst als ich? Das glaube ich schon. Aber ich hätte dich sowieso nicht einholen können, die Richtung, die du eingeschlagen hast, hat nicht gestimmt für mich.
Wenn du gleich kommst, Nele, kann ich dir vielleicht alle diese Gedanken sagen. Vielleicht lachen wir dann darüber und lassen Nizza mitsamt seinen Sehenswürdigkeiten links liegen und klettern tatsächlich über die Kalkfelsen?
Zwei Frauen kommen aus der Tiefgarage an der Place Masséna. Links, das ist Neles Gesicht. Die andere Frau kenne ich nicht. Warum habe ich eigentlich erwartet, daß Nele allein nach Nizza reist?
Jetzt müßte ich sie umarmen. Zur Begrüßung und zum Abschied, das habe ich mir längst abgewöhnt, benutze ich diese kleine Geste. Steif strecke ich die Hand aus in Richtung Nele: «Heiß hier, was?»
«Erst mal verschnaufen und was trinken», sagt Nele, oder sagt es die andere Frau?
Es gibt kühle, ruhige Plätze, auch in Nizza im Hochsommer. Es gibt knallbunt gefärbtes Eis, einen starken kleinen café noir und heiteres Geschwätz im Hintergrund. Was sollte überhaupt meine ganze Aufregung?
Nele hat ein freundliches, klares Lehrerinnengesicht, und sie freut sich aufrichtig, mich wiederzusehen. Natürlich ist sie als geschie-

dene Frau nicht allein nach Frankreich gereist. Es ist alles so selbstverständlich. Sie hat ihre Reisepartnerin durch die Computer-Aktion einer großen Frauen-Illustrierten gefunden: «Lernen Sie nette Leute kennen!» Das ist eine reelle Sache. Man gibt seine persönlichen Daten und Interessen an, füllt einige Formulare aus, bekommt anschließend eine Auswahl von Adressen zugesandt, vereinbart ein Treffen, wägt in aller Ruhe ab, ob man zueinander paßt. Nele hat die besten Erfahrungen mit dieser Methode gemacht. Auf der ganzen Reise gab es bis jetzt keine Probleme mit ihrer Freundin, selbst wenn man gemeinsam in einem Doppelzimmer übernachten mußte, was ja durchaus Schwierigkeiten mit sich bringen könnte. Diese Art, jemand kennenzulernen, hat sich bewährt, Freundschaft mit Gütesiegel und Garantieschein, vielleicht nicht für jeden das Wahre, aber empfehlenswert.

Wir löffeln Eis in der Sonne von Nizza, wo gleich ganz groß der vierzehnte Juli gefeiert wird, und wir reden sehr vernünftig miteinander. Ich sitze neben den beiden Frauen mit meinen überflüssigen Gedanken und zurechtgelegten Sätzen im Kopf und schiebe allmählich das kleine Mädchen aus meiner Erinnerung, das früher weinen mußte, wenn Pat Boone im Radio sang.

Drittes Kapitel

Mann, o Mann

Zu diesem Kapitel habe ich eigentlich überhaupt keine Lust: weil es mich langweilt. Das stimmt nur halb. Weil es mich aufregt. Aufregt und langweilt – wie geht das zusammen? Es langweilt mich, immer wieder zu sehen und mitzuerleben, daß Frauenfreundschaften wegen Männern auseinandergehen, es langweilt mich, auch in diesem Buch wieder über Männer zu schreiben, wo wir doch schon genug über sie reden, ob wir nun gerade einen haben oder nicht. Aber das Leben zwingt mich dazu. Und es regt mich natürlich auf, weil ich mittendrin stecke. Mittendrin seit Jahren, wie ich das Verhältnis zu meinem Freund und zu meinen besten Freundinnen für mich verbinde. Für ihn das schaffen zu wollen, habe ich mir, Gott sei Dank! abgewöhnt.

Ich hätte früher nie gedacht, daß einen bei bestimmten Ereignissen, die einschlagen wie Donnerhall, eine Gefühlsmischung aus Aufregung und Langeweile geradezu lähmen kann. Aber irgend etwas muß wohl in den siebzehn Jahren, die ich schon der praktischen Liebe fröhne, abgelagert worden sein, das mich zum Gähnen zwingt. Richtig: Ich erlebe gerade mal wieder, daß eine Freundin leider ausgerechnet Lust auf meinen Freund hat. Und er auf sie. Komisch, warum passiert mir das nie umgekehrt? Ich muß derart perfekt eingebaute Gefühlsbremsen haben, wenn es um *selbst*gesetzte Tabus geht, daß ich mich eher in eine Freundin verlieben könnte als in den Freund einer mir nahestehenden Frau. Aber ich will mich gar nicht moralisch erheben über alle, die es anders machen als ich. Ich kann sie wohl ehrlich nur nicht verstehen, weil bei mir die Unterdrückung derartiger Eroberer-Lust so gut funktioniert. Es lebt sich sicher leichter mit dieser Fähigkeit zu verdrängen, aber nur auf der einen Seite: Ich bin bis jetzt nicht Täterin in solch schwierigen Situationen geworden. Aber mehrmals dafür Opfer. Und, was mich manchmal etwas beunruhigt: Ich neige bis jetzt nicht zu Vergeltungsschlägen. Bin ich Masochistin? Früher habe ich mich beleidigt der ganzen Sache entzogen, also von beiden, Freund und Freundin distanziert. Heute beabsichtige ich zu bleiben – aber nicht zu kämpfen. Ich bin einfach da, und die Menschen, die ich liebe, sollen sehen, was sie mit mir wollen, ich werd schon herausfinden, was ich von ihnen will.

Das probiere ich jetzt einfach mal, ich weiß nicht, ob es mir gelingen wird. Aber ich weiß, daß ich nicht mehr in solch einer Lage wie früher an mir zweifle, ob ich überhaupt aushaltbar, liebenswert bin. Ob nicht andere Frauen, die anderen, viel besser, größer, schöner, klüger, verführerischer sind als ich. Das geht einfach nicht mehr. Irgendein Bann ist gebrochen. Es gehört hier aber nicht her zu erzählen, warum. Außerdem wäre es eine lange Geschichte – und die werden viele von euch früher oder später selbst erleben –, und viele kennen sie schon von sich selbst. Darüber unterhält man sich lieber.

Also aufregend ist das trotzdem alles noch: Denn wenn man nicht auf den Mann als bösen, nicht auf seine eigene Leidensgeschichte starrt und auch nicht auf die Verwerflichkeit der Freundin – dann fragt man sich plötzlich: Was machen wir da eigentlich, und was hat es für jeden der Beteiligten zu bedeuten?

Zurück zum Grundsätzlichen: Männer können nur in Frauenfreundschaften, Freundinnen in Liebesbeziehungen hineinfunken, weil wir nicht eindimensional leben, sondern Männer lieben und Frauen auch zumindest sehr mögen und brauchen. Das läßt Ab- und Ausgrenzungen («Das mit ihm und das mit ihr» und «So etwas grundsätzlich nicht!») schwerfallen. Systeme helfen selten weiter. Und trotzdem verunsichert uns dies alles, besonders im oben beschriebenen Moment. Es ist, wie ich schon im ersten Kapitel beschrieb, ja überhaupt schwer herauszufinden, welchen Stellenwert

Freundinnen für uns haben, ob sich die Gefühlsintensität zu ihnen verändert, wenn uns Männer begegnen, die wichtig für uns sind. Bei vielen ist das so, und auch meine Interviewpartnerinnen setzten das teilweise sogar als selbstverständlich voraus. Ich kenne keine Frau in meinem Umkreis, für die es völlig unproblematisch ist, ihre Beziehung zum Mann intensiv zu leben und ihren Freundinnen gerecht zu werden, beziehungsweise ihren Wünschen mit Frauen nachzukommen.

Es fängt doch schon damit an, wenn eine Frau bei der Freundin zu Besuch ist, und dort kommt nach etwa zwei Stunden der Freund oder Mann nach Hause. Plötzlich Peinlichkeit. Der Mann geht nicht einfach nach einer kurzen Begrüßung in seine Räume. Er setzt sich dazu oder wird dazugebeten, und schon entsteht eine gespannte Stimmung. Zwischen den Frauen hatte sich eine Intensität im Gespräch aufgebaut, wie sie oft unter Frauen ganz schnell entstehen kann: Direkt ins Zentrum waren sie gelangt. Und jetzt steht – für den Mann als Dazukommenden besonders deutlich – eine Intensität gegen die andere. Eine, die aus dem Zusammenleben wachsen kann, konkurriert unwillkürlich und überflüssigerweise mit einer ganz anderen, der des Augenblicks, die nach Jahren auch der Distanz zwischen Frauen wieder entstehen kann. Ja, die auf Grund der Geschlechtszugehörigkeit, die ein Vertrautsein schafft, sogar zwischen bisher fremden Frauen manchmal blitzartig einschlagen kann. Das verunsichert den Mann. Und, da wir Frauen meist über prima Antennen Richtung Mann verfügen, es beunruhigt uns, weil wir merken: Er fühlt sich nicht wohl.
Dieselbe Unsicherheit kann im Berufsleben, in der Schule auftreten. Wir haben als Frauen unterschiedliche Verhaltensweisen zur Verfügung – aber auch nötig: Denn wir sind ja meist in der Minderheit an männlich bestimmten Aufenthaltsorten. Dem Chef, den männlichen Kollegen, den Mitschülern gegenüber legen wir uns ein Eigenschutzverhalten zu, das manchmal auch die alte Koketterie oder die Kleinmädchenhaltung birgt, die wir gegenüber Freundinnen nicht nötig haben. Wenn dann plötzlich unsere Freundin in diesem «feindlich» besetzten Gebiet auftaucht, ist das auch für uns nicht

gerade ein Grund zum Wohlfühlen. Sie ist entsetzt. Wir fühlen uns ertappt. Verrat liegt in der Luft. Mußte sie denn auch gerade jetzt auftauchen?
Oder noch eine grundsätzlichere Beunruhigung: Was machen, wenn die beste Freundin den Mann, den wir gerade begeistert kennengelernt haben oder mit dem wir zusammenziehen, überhaupt nicht mag? Warum ist es uns überhaupt so wichtig, daß sie ihn nicht nur ganz nett findet, sondern ausgesprochen toll? Es scheint ein großes Bedürfnis darin zu liegen, daß sich die beiden oder die uns wichtigsten Personen überhaupt mögen. Fühlt man sich sonst in der Identität bedroht? Denken wir, es stimmt etwas mit *uns* innen nicht, wenn *sie* sich nicht mögen? Es könnte daran liegen, daß wir soviel mit Freundinnen über Lebensziele, über Gemeinsamkeiten reden, daß wir dabei unter Druck geraten, es nicht nur nach unserem Gefühl richtig zu machen, sondern es – wie verabredungsgetreu – der Freundin recht zu machen. Und das hat dann etwas von einer Tochter-Mutter-Hierarchie an sich. Da ist moralischer Druck im Spiel. Und sicher ist, daß Frauen sehr moralisch über einander wachen können: Lebt sie auch nach ihren (UNSEREN) Vorstellungen? Ist dieser Mann es auch wert, mit «meiner» Freundin zusammenzusein? Fällt sie auch nicht hinter ihre Ansprüche, über die wir uns doch einig waren, zurück? Von der anderen Seite wird das Tochter-Mutter-Verhältnis natürlich auch kräftig gespeist: Man projiziert das eigene schlechte Gewissen, das man über die gefühlsmäßigen Widersprüchlichkeiten bei sich empfindet, in die Freundin, die dann den Blick der «bösen Mutter» bekommt, die böse Mutter, die die Tochter nicht ausprobieren lassen will: nämlich auch krumme Wege zu gehen, wenn die verlockender sind als die geraden. Das eigentliche Problem an diesem Verhältnis und gleichzeitig aber auch der Angelpunkt für eine Veränderung ist das eigene schlechte Gewissen gegenüber Widersprüchlichkeiten zwischen Denken und Fühlen, Konzepten und Handlungsweisen.
Aber jetzt mal ganz im Ernst: Ist es überhaupt zu vermeiden, daß Männer Unruhe in unsere manchmal so gut eingerichteten Frauenwelten bringen, und wollen wir das? Ist es nicht auch sehr spannend, daß wir mit Frauen anders umgehen als mit Männern

und es deshalb immer wieder Reibungen gibt? Und muß nicht jede Frau bei sich selbst klären, ob sie den Freund der Freundin als Tabu betrachtet? Oder ob ihr der Mann wichtiger ist als die Freundin? Selten geht ja beides zusammen, ich kenne es nicht.
Nur eins muß wirklich besser werden: Frauen dürfen nicht mehr nur geduldet sein in besseren Berufen und für Männer nicht mehr die Schmutzarbeit machen, zu Hause nicht und nicht am Arbeitsplatz. Das würde zu selbstbewußterem Auftreten in der Arbeitswelt führen – denn ich finde, Koketterie und mädchenhafte Unterwürfigkeit gehören da einfach nicht hin. Frauenfreundschaften, wie übrigens auch Liebesverhältnisse zu Männern, könnten spannender werden, wenn der Mann endlich nicht mehr für uns das «große Unerklärliche» und damit ein angstmachender Mittelpunkt ist. (Vielleicht auch umgekehrt!) Denn dann könnte das Positive passieren, daß der Mann in meiner oben beschriebenen Krise zwar merkt, daß die Frau traurig über sein (tendenzielles) Weggehen ist, daß sie aber darüber nicht völlig an sich selbst (ver) zweifelt.

Freundinnen könnten, wenn nicht das Reden über den Mann/die Männer ihre Verbundenheit ausmacht oder sie ihre Freundschaft nach dem Ausgelastetsein durch einen Mann richten, sehr viel mehr miteinander erleben und über sich herausfinden. Eins ist allerdings dabei nicht in Aussicht: daß alles dadurch einfacher und ruhiger würde. Denn es gibt wenig Männer, die damit zurechtkommen, wenn wir Frauen uns nicht in Eifersucht zerfleischen. Und: Was man beim Gehen von spannenden, ungeraden Wegen über sich selbst herausfindet, ist nicht immer nur angenehm.
Erinnern wir uns noch mal an Katharina: Sie sagte, die Intensivierung ihrer Freundschaft zur achtzehn Monate älteren *Ellen* wäre in eine Zeit gefallen, in der sie sich in einen Jungen verliebt hatte, mit dem es aber nichts wurde. «Das habe ich gar nicht richtig gepackt. Sie hat versucht, mir darüber hinwegzuhelfen ... Es ist für mich noch heute schwierig.»
Dieser Junge hieß *Thomas*, «so ein Anarchotyp». Das Pikante an der ganzen Geschichte ist, daß dieser Junge mit *Katharina* zwar keine Beziehung wollte, dafür aber eine mit *Ellen* angefangen hat.

Thomas, Ellen und ich

«Allerdings, was noch ein großes Problem ist, sie war mit dem Typen zusammen, in den ich schon seit zweieinhalb Jahren verliebt bin. Aber das war absolut kein Tabu. Das Ganze fing an auf einer Skireise, die wir zusammen machten. Er hat sie zwar immer interessiert, aber mehr auch nicht. Und dann fing es aber an: Er ist immer um sie herumgeschlichen und hat intensiv versucht, mit ihr zusammenzusein. Das hat mir erst mal 'nen unheimlichen Schock versetzt, weil ich ja schließlich auch noch dabei war. Alle haben sich gewundert, daß ich das dann doch noch so gut gepackt habe. Das heißt, zu ihr nicht die Freundschaft abgebrochen habe oder unterbrochen, sondern eher am Anfang dadurch auch noch ein besseres Verhältnis zu ihm bekommen habe. Das hatte ich vorher eigentlich gar nicht. Das hat mir aber unheimlich dabei geholfen. Und da fingen die Leute an, mich irgendwie zu bewundern. Obwohl das eigentlich ein Spiel war, das ich machen mußte. Spielen, nicht die Gefühle zu zeigen oder nicht das zu tun, wonach einem eigentlich zumute ist. Das ging da eben nicht. Aber wir haben von Anfang an sehr viel darüber geredet. Wäre es tabu gewesen, wäre es bestimmt irgendwann ganz mächtig aus mir herausgebrochen. Ich hätte damit ganz große Schwierigkeiten gekriegt. Acht Monate sind die beiden zusammengewesen. Sie hat mir viel erzählt von sich und Thomas. Und viele Sachen, die ich mit ihm vorher erlebt hatte, die hat er ihr aus seiner Warte erzählt, mit seinen Eindrücken. Und das hat sie mir dann auch erzählt. Es war natürlich doof, daß wir nicht selbst zusammen reden konnten, Thomas und ich. Aber es hat mir trotzdem geholfen, einfach klarzukriegen, was ihn eigentlich damals an mir gestört hat. Irgendwie wollte ich es immer hören. Er hatte mir das damals nicht sagen können, weil ich ihn wohl damit genervt habe, daß ich einfach sehr oft da war. Ellen hat mich zwar nie um Rat gefragt, aber wenn sie Schwierigkeiten mit Thomas hatte, haben wir zusammen auch darüber geredet. Und das war ganz toll!

Dann fing ich an, mich in eine Beziehung zu einem anderen Jungen zu stürzen. Mit so 'nem Typ, der völlig gegensätzlich zu Thomas ist.

Eine Freundin fürs Leben …

Und da hat Ellen gedacht, was macht denn die Katharina jetzt, was ist denn mit der los? Die hat doch ganz andere Erwartungen an Beziehungen! Auf einmal erschien ich ihr in einem ganz anderen Licht, entsprach so gar nicht mehr ihren Vorstellungen, die sie von mir hatte. Das war meine Zeit mit Karlo. Da hatten Ellen und ich eine furchtbare Krise. Ich war mit Karlo zusammen, der war unheimlich lieb, ich zwar nicht doll in ihn verliebt, aber ich war eine Zeit mit ihm zusammen, da sind wir immer sehr viel ins ‹Meadow› gegangen, in die Disko, und haben uns immer öfter gesehen. Er ist mehr so ein cooler Typ: immer dumme Sprüche drauf. Ich hab dann auch angefangen, welche zu machen, der hatte natürlich auch einen ganz anderen Freundeskreis als ich vorher, und da bin ich auch reingekommen. Ich habe mich ganz schnell so richtig zwischen zwei Parteien gefühlt: Ellens Freundeskreis oder unser gemeinsamer, der eigentlich mehr meinen inneren Vorstellungen entsprach – und der andere, mit dem ich mich auch gut verstand, weil ich von den Leuten eben auch Anerkennung kriegte. So kam es mir wenigstens vor. Der Karlo ist schon sehr merkwürdig, das kann ich gar nicht anders beschreiben: Er scheint so auf den ersten Blick recht lustig, aber dann macht er so Sprüche und spitze Bemerkungen, da denkt man, hat der nun Minderwertigkeitskomplexe, oder will der einen einfach nur dumm anmachen? Mehr ist nicht dahinter. Und ich hab wild versucht, den zu ändern. All meine Vorstellungen habe ich in ihn reingesteckt. Aber er war eben nicht der Typ für meine Vorstellungen. Ich hab's trotzdem immer wieder versucht. Der wurde immer kleiner. Er hat sich schon verändert, und es war dann auch 'ne Zeit ganz schön. Aber es kommt mir jetzt vor wie nur mir zuliebe. Und das war überhaupt nicht das, was ich wollte. Ich stand jedenfalls völlig zwischen den beiden Gruppen: Ich und Karlo und Ellen mit Thomas. Ich konnte uns nicht zusammenbringen. Daß wir zum Beispiel einfach mal 'nen Abend zusammen weggegangen wären. Das war unmöglich. Irgendwie stand ich dann auch nicht zu Karlo. Ich hab mich teilweise vor den anderen für ihn geschämt. Weil die mich ganz anders kannten, und auf einmal sahen sie mich als oberflächlich, als kleines Naivchen. So kam ich denen dann vor, das war furchtbar!

Aber Ellen war sehr intolerant, was sie später dann auch zugegeben hat. Sie hat einfach nicht gesehen, daß ich irgendwo auch Gefühle gehabt habe für Karlo und auch gerne mit ihm zusammen war. Sie wollte eben absolut nichts mit dem zu tun haben, hat zwar versucht, sich in mich reinzuversetzen, aber es wurde immer paradoxer für sie. Und ich hab's ja auch nicht zusammengebracht. Wir haben so oft darüber geredet, ich hab immer versucht, ihr's klarzumachen. Ich finde, sie hätte mehr Einfühlungsvermögen haben müssen. Ich meine, ich weiß jetzt, daß es im nachhinein gut für mich war, es war wohl nur so 'ne Fluchtbeziehung und 'ne Selbstbestätigung. Die Beziehung war auch wirklich nichts. Aber ich weiß nicht, ob ich mir das nicht auch selber hätte klarmachen können und ob sie da unbedingt so drauf rumreiten mußte. Ich glaube schon, daß ich das vielleicht auch von alleine geschnallt hätte.

Als Ellen mit Thomas zusammen war, haben wir uns weniger gesehen. Sie wollte es zwar immer verbinden, aber es ging nicht so richtig. Irgendwann wollte sie es dann auch nicht mehr. Dann kam Karlo, und da haben wir uns noch weniger gesehen. Ich weiß nicht, vielleicht war sie auch eifersüchtig, daß ich damals nicht immer da war, wenn sie wollte. Das weiß ich bis heute nicht so richtig. Und ob es nur Karlo war, den sie nicht leiden konnte.

Nach den letzten Sommerferien habe ich mit Karlo Schluß gemacht, und dann konnten wir erst richtig darüber reden, was eigentlich los war.

Momentan sind wir beide ohne feste Beziehung. Mit Thomas und ihr, das endete alles sehr dramatisch. Und sie hat es ein bißchen bereut, mir so viel von den Problemen mit ihm erzählt zu haben. Aber ich wollte es ja. Jedes Wochenende war sie am Schluß völlig fertig, sie saß bei mir, und wir sprachen darüber. Und dann kam auch noch Thomas bei mir an, und immer dieses Hin und Her, wieder Beziehung und dann wieder doch nicht. Thomas ist achtzehn, und sie ist neunzehn. Ich hab dann die beiden immer alleine gelassen, aber es war doch für mich der totale Schock. Es tat mir so leid für sie. Aber auch für mich – für ihn sowieso. Ich denke manchmal, ich möchte ihm so viel sagen, aber ich habe eigentlich nicht die Berechtigung, ihm das zu sagen.

Wenn ich daran denke, daß Ellen und ich uns mal wieder verlieben könnten, dann ist unsere Idealvorstellung die, daß das ein Typ ist, den wir beide mögen. Daß wenn ich verliebt bin und gern mit ihm zusammen, daß ich das Gefühl hab, sie ist auch gern mit ihm zusammen. Dann würde es unheimlich gut gehen. Da bin ich mir sicher. Und wenn ich mal 'ne längere Männerbeziehung haben sollte, dann muß sie, glaube ich, sehr intensiv sein, ich muß sehr viel Vertrauen haben können. Auch das Gefühl haben, gebraucht zu werden und unheimlich wichtig für einen zu sein. Das ist vielleicht auch ein bißchen egoistisch. Ich brauche dann aber auch nebenher eine Freundin, so als Ausgleich. Unbedingt. Vielleicht ist es am Anfang immer so, daß man die Freundin so ein bißchen zurückschraubt. Man ist eben verliebt und hat was Neues kennengelernt und ist ganz beeindruckt. Da braucht man die Freundin auf einmal nicht mehr so. Man kann ihr das vielleicht erzählen, aber es ist eben miteinander nicht mehr so, wie es vorher war. Aber nach einer Zeit würde sich das bestimmt wieder ändern. Wenn dieses Verliebtheitsgefühl eben weg ist. Am liebsten – als Idealvorstellung – würde ich mit dem Typ, den ich dann liebe, und meiner Freundin zusammenwohnen später. Eben das Gefühl haben, man hat 'ne intensive Zweierbeziehung, aber auch so ein Gemeinschaftsgefühl mit anderen Freunden. Nicht nur eine einfache Wohngemeinschaft, wo jeder seine unterschiedliche Arbeit hat und man sich nur zum Essen trifft, sondern irgendein Projekt, das einen verbindet.»

Die Alleswisserin

von
Winfried Rangnick

Prolog

Es waren einmal zwei Kinder, die lebten am Rande des großen Meeres. Und weil sie das Meer so liebten, gingen sie oft an die Küste, jeder für sich, um sich an dem wilden Spiel der Wogen zu erfreuen. Dort standen sie dann und schauten in die Ferne, allein, aber nicht unglücklich.
Eines Tages nun, als das Meer besonders schön in der Sonne strahlte und die Sicht so klar war wie nie zuvor, trafen sie sich an dem weiten weißen Strand und entdeckten ihre gemeinsame Liebe. Da freuten sie sich gar sehr, fielen sich in die Arme und beschlossen, zusammen auf die kleine Insel vor der Küste zu gehen, damit sie das Meer immer und von allen Seiten sehen könnten, wenn sie nur aus dem Hause traten.
Als ihre Eltern und ihre Freunde dieses zu hören bekamen, da wurden sie sehr traurig, weil sie fürchteten, die beiden nie mehr wiederzusehen. Die aber beruhigten sie und versprachen, sie so oft als möglich zu besuchen. Und wirklich: Sie fuhren vergnügt zwischen Insel und Festland hin und her, mal einzeln, mal zu zweit, und wenn sie wollten, nahmen sie auch jemanden für ein oder zwei Tage auf ihre Insel mit.
Einige Festlandbewohner jedoch waren es leid, das kleine Boot nicht benutzen zu können, wann immer sie wollten, und sie bauten sich ein eigenes. Nun hatten die beiden von Zeit zu Zeit Gäste, wenn sie grad lieber allein sein wollten, aber alles in allem waren sie es doch zufrieden, denn sie schätzten ihre Freunde sehr.
Eines Tages aber gingen die Festlandbewohner daran, Erde aufzuschütten, um dem Meer neues Land abzutrotzen. Sie schaufelten und rackerten, soviel sie nur konnten, und bald hatten sie die Insel erreicht. Und weil sie so gut dabei waren und ihre Arbeit inzwischen liebgewonnen hatten, ebneten sie gleich noch die Insel ein, trugen Berge ab und schütteten Flüsse zu, bis unsere zwei ihre schöne Insel kaum wiedererkannten. Und unter ihnen war eine, die Schwester des Mädchens, die schaufelte und schüttete unermüdlich weiter, bis

die kleine Insel so platt war wie das Flandernland und man weithin alles sehen konnte.

Die beiden aber, auch nicht faul, bauten sich heimlich eine neue Insel und versprachen sich, niemandem davon zu erzählen. Dorthin fuhren sie von Zeit zu Zeit in der Nacht, wenn alle anderen fest schliefen. Als die Schwester ihnen aber draufkam und fragte, wo denn die neue Insel sei, da erschrak das Mädchen und log, daß sie längst im Meer versunken sei. Und so fuhren sie heimlich immer wieder auf ihre Insel und verlebten dort herrliche Tage und Nächte.

Und wenn sie nicht entdeckt worden sind, dann lieben sie sich immer noch.

Oder etwa nicht?

Es war zu spät. Seit Stunden schon hatte ich meine Schlafenszeit überschritten. Ich lag wach und steif rücklings auf der großen Schaumstofffläche, genau in der Mitte, die Arme gerade von mir gestreckt, so als wollte ich die zu große Matratze gewaltsam ausfüllen. Ich ärgerte mich, weil ich früh raus mußte und noch immer nicht schlief, und wenn ich mich ärgerte, war es mit dem Einschlafen ganz aus. Jahre schon verbrachte ich damit, lange zu arbeiten und die kleinen Tagesreste gewaltsam auszudehnen, aber es erschien mir immer noch neu. Und jetzt mußte ich mit Gewalt versuchen, in die Nacht wegzutauchen. Sinnlos, gerade heute, denn ich wartete eigentlich auf Christine.

Im Zimmer war es zu hell, obwohl ich alle Lichter sorgsam gelöscht hatte. Durch die Fenster der mächtigen Doppeltür fiel ein heller Lichtkegel vom Flur her, der genau vor dem Bett haltmachte. Im Flur war fast immer noch Licht, weil die anderen länger dort saßen. Jetzt war es still im Flur. Sie hatten das Licht vergessen.

Die erste Stunde hatte ich versucht, vom Bett aus ihre Gespräche zu verfolgen, heute besonders angestrengt, denn es ging um Christine und mich. Als sie dann aufgebrochen waren aus dem Flur, hatte ich gespannt auf die Türklinke gestarrt. Sie kam oft noch, wenn es uns so schlecht ging wie jetzt. Sie war nicht gekommen, und ich hatte genau gehört, daß sie zu Birgit gegangen war. Von meinem Bett aus konnte ich sogar ihre Umrisse im Flurfenster unterscheiden. Tina war also bei Birgit. Ich würde warten, bis sie durch den Flur in ihr Zimmer ans andere Ende der Wohnung gehen würde.

Mir fiel ein, wie gern sie mit Birgit redete, und das verstand ich, weil es mir genauso ging. Birgit hörte eine Weile sehr genau zu und konnte dann sehr klare Dinge sagen. Das Schönste war diese Klarheit, weil sie fast jede Antwort in den Rang eines praktikablen Ratschlags hob. Wir hatten das beide genossen, als Birgit und die anderen damals auf unsere ersten Schwierigkeiten reagiert hatten. Sie hatten geholfen und gekittet, was das Zeug hielt. Das war jetzt anders. Niemand hielt mehr etwas von unserer Beziehung. Sie hatte sich überlebt. Sie war innerlich tot. Eigentlich paßten wir sowieso nicht zusammen.

Aber sie hatten ja keine Ahnung, wie es war, wenn wir in den Nächten über alles sprachen, auch über das, was die anderen nicht wissen durften, auch über Birgit. Dann war ich ihr Vertrauter. Diese späten Stunden, das war unsere Zeit. Wie konnte sie jetzt bei Birgit sein! Es war auszuhalten, wenn sie sich zum Biertrinken verabredeten. Ich fand es zwar komisch, wenn die zwei so gezielt die Wohnung verließen, und ich ärgerte mich ein bißchen, wenn sie extra betonten, daß sie in die Frauenkneipe gingen, aber es war auszuhalten. Sie kam dann später oft noch und erzählte mir von ihrem Abend. Oder sie sagte, daß es schön gewesen wäre. Aber *wir* beendeten den Tag gemeinsam.

Was würde Birgit jetzt sagen? Ihr fiel immer so viel ein. Ich ärgerte mich, daß ich Tina in diesen Momenten nicht zutraute, einen eigenen Kopf zu haben. Aber ihr müßt euch doch aus eurer überlebten Beziehung endlich mal befreien. Woher hatten sie nur dieses Bild?

Sie liebten sich auf ihre Art. Seit vier Jahren über alle Unruhen hinweg. Und manchmal konnten sie sich ihre Liebe zeigen. Für Wochen waren sie immer wieder allein, sprachen von Trennung und konnten sich dann wieder ihre Liebe um so besser zeigen. Später hatte sie viele andere Männer und er einige andere Frauen. Sie sprachen offen darüber, sie schrien und weinten, allein und auch beieinander. Später rechneten sie die Stunden des Weinens genau aus.

Furchtbar war diese Geschichte mit Thorsten. Ich hatte es zuerst von Birgit erfahren. Thorsten war ein ausgesprochener Schönling. Ein langer Kerl mit Macho-Verhalten. Aber darüber haben wir nicht gesprochen, über den Schönling, meine ich. Zum Macho durfte ich natürlich was sagen. Birgit meinte, daß es nichts Ernstes wäre, und hatte ihr sogar abgeraten. Gegen mich wäre er ein kleiner Bubi. Es ginge ihr gar nicht um ihn, aber natürlich wäre es ein Ausdruck dafür, daß es bei uns nicht mehr stimmen würde. Ich war entsetzt. Wie konnte sie mich mit einem Nebenmann betrügen? Mir mit so einer unausgegorenen Geschichte weh tun? Vor allem aber machte ich ihr damals heftige Vorwürfe, daß sie mir nichts erzählt hatte.

Er nahm seine Frauen ernster, glaubte jedesmal fest an eine neue Zukunft mit einer anderen, obwohl er sie jedesmal bald um so mehr begehrte und sich auf den Neuanfang freute. Sie dagegen war realistischer. Sie sah ihre Männer als Nebenmänner und wollte sich nicht von ihm trennen. Er begriff nicht, und es berührte ihn besonders, daß sie fast immer sehr schöne Männer hatte. Er war nämlich zu eitel, um schöne Männer ertragen zu können. In seiner Kritik hielt er sich immer wieder bei den Formfehlern auf. Sie hätte es erzählen müssen usw. Das war verständlich, aber so kamen sie natürlich nicht zu den wichtigen Fragen ihrer Beziehung. Trotz allem blieben sie natürlich noch lange zusammen. Sechs Jahre lang.

Ich war jedesmal total verunsichert, konnte die Nebenmann-Theorie nicht glauben. Ich versuchte immer, es über Birgit herauszukriegen. Birgit wußte alles. Das war furchtbar, aber zugleich praktisch. Und irgendwie war mir natürlich klar, daß sie es ihrer besten Freundin erzählen mußte, wenn sie Angst hatte, es mir zu sagen. Wem sonst? Dann kam diese komische Verabredung, daß Birgit mir nichts mehr erzählt. Wir müßten das schließlich mal selbst austragen. Natürlich. Das ist einzusehen. Du kommst ja in eine unmögliche Rolle. Von da an hing ich an ihrem Gesicht. Zum Beispiel, als Tina aus Berlin anrief. Wir telefonierten beide mit ihr, nacheinander. Birgit lachte viel und drehte sich weg. Wahrscheinlich war gar nichts, aber das wußte ich schon. Außerdem telefonierten sie meistens länger. Ihnen fiel im Moment viel mehr ein. Komisch. Auf jeden Fall bekam ich aus Birgit nicht mehr viel heraus.

Kurz danach kam unsere große Trennung. Birgit sagte abschließend, wir wären eigentlich nie über unsere große Verliebtheitsphase ernsthaft hinausgekommen. Ernsthaft. Was die alles wußte. Dabei hatte sie die Anfänge gar nicht miterlebt. Waren das Tinas Worte? Birgit argumentierte, wir würden uns keine wirklichen Entwicklungsmöglichkeiten geben und davon könnten ja gerade die Frauen in den Beziehungen ein Lied singen. Ich fand nett, daß sie es nicht ganz einseitig sah, aber ich dachte an ihre uralte Beziehung zu diesem Mann, der damals sicher stärker war als sie. War Tina nicht viel emanzipierter? Nein, sie hätte mich auf einen Sockel gestellt, hieß es. Eine solche Grundkonstellation würde frau höchstens mit einem anderen Mann überwinden. Konnte *sie* nur mit einem anderen Mann überwinden. Mich machte der Gedanke wütend, daß sie vielleicht nur deshalb so argumentierte, weil sie ihre eigene Vergangenheit nicht los wurde. Sie war damals ein kleines unreifes Gör, und dann dieser Mann.

Das war doch mit Tina und mir nicht zu vergleichen. Suspekt war mir außerdem, daß Birgit sich gerade getrennt hatte. Wollte sie uns mit Gewalt auseinanderbringen? Die Freundin ganz für sich haben? Nicht mit mir teilen müssen? Jedenfalls puzzelte Birgit die Beziehung sehr überzeugend auseinander. Nur überzeugte sie mich nicht. Alle glaubten nun fest an unsere Trennung, nur wir nicht, jedenfalls nach zehn Tagen nicht mehr.

Wir verständigen uns mit Blicken und kleinen Andeutungen. Sie wirft ihren Kopf in den Nacken, fährt sich durch das lockige rote Haar und guckt mich herausfordernd an. Tina. Sie ist so schön. Ja, wir begehren uns, und wir werden uns das zeigen. Wir zeigen uns das gerne.

Als an diesem Abend alle im Bett waren, kam Tina mit ihrer großen Daunendecke unter dem Arm leise durch den Flur geschlichen. Es war einfach herrlich. Wir fühlten uns wie ganz kleine Kinder, furchtbar inkonsequent und verspielt. Aber wir genossen unser Wiedersehen in vollen Zügen. Bald trafen wir uns fast regelmäßig auf diese Weise. Wir freuten uns über unsere kleine große Heimlichkeit. Natürlich konnte Tina das Birgit nicht erzählen. Ein kindlicher Rückfall, gegen alle Vernunft. Es ging uns saugut.

Mit Anfängen hatten sie die besten Erfahrungen: Sie hatten sich auf eine Weise ineinander verliebt, die ihnen noch nach Jahren einmalig erscheinen mußte. So kam es, daß sie aus ihrem ersten Erlebnis immer wieder neue Kraft gewannen.

Und sie verstanden sich mit den Jahren besser darauf, die Anfänge zu inszenieren und realistischere Fortsetzungen zu erleben. Natürlich konnte ihre Umgebung die Kraft dieser ersten Begegnung nicht verstehen. Je mächtiger diese ist, desto unglaubwürdiger und kitschiger ist sie ja gerade für die Außenstehenden.

Schließlich waren wir die halbe Nacht geradelt, zum Meer hin. Und dann haben wir diese verrückte Bank gefunden, mitten in der Wildnis der Steilküste. Sie stand einfach da, nach Osten gerichtet, und schien nur dazu bestimmt, uns den Sonnenaufgang am Ende der Nacht zeigen zu können. Wahrscheinlich hätten wir uns die Bank zur Not eingebildet, denn wir waren so restlos jung und optimistisch, so kompromißlos bereit, uns zu finden und zusammenzutun, daß es bestimmt kein anderer kapiert. Natürlich waren die irgendwann auch mal verliebt, aber wie einmalig und wichtig das ist, das glaubt einem ja keiner. Das glaubt wohl jeder nur sich selber. Jedenfalls vergaßen wir es nie.

Sie lebten und entwickelten von hier aus ihre Gemeinsamkeiten, wurden zornig und hilflos, wenn sie an Grenzen stießen, und erzählten dies vorwurfsvoll und verbittert jedem, der es hören wollte. Sie kamen zurück, freuten sich wieder über die gemeinsamen Teile, versuchten die Grenzen zu überschreiten und erzählten wenig. Soweit trifft die anderen keine Schuld. Zudem machte gerade er es ihnen mit seinem Glauben an eine neue Zukunft bei seinen Affären besonders schwer. Natürlich steckte auch Kindlichkeit in ihrer Treue für das erste Erlebnis, aber es war doch ein reales Erlebnis. Mit anderen erlebten sie lange nichts Vergleichbares. Und man darf nicht vergessen, daß sie sich inzwischen am besten kannten.

Mir fiel ein, daß Birgit was ganz Ähnliches erlebt hatte, hilflos und inkonsequent. Aber da hatte sie selbst dringesteckt, jetzt guckte sie zu. Freundinnen sind eben Gift für diese vorläufigen, emotional haltlosen Beziehungen. Und dann: Schließlich waren wir inzwischen doch um einiges älter. Ja, das stimmt, älter waren wir. Mit dem Alter wird man emotional konsequenter. Ich dachte an dieses schöne Gespräch über die emotionalen Reste in unseren überlebten Beziehungen, mit denen wir uns herumschlagen. Wir waren uns völlig einig, daß es so nicht mehr weiterginge, mit unserer Trennung von Kopf und Bauch. Wir mußten beides zusammenbringen, na klar. Nur – was zu wem?

Die beiden lebten in einer Zeit zusammen, in der man offene Beziehungen anstrebte und viel von einer Überwindung der Zweierbeziehung sprach. Wie immer dies im Einzelfall aussah, verlangten zumindest alle Beteiligten sich gegenseitig viel ab. Inzwischen ist die Zahl der zu diesen Experimenten bereiten Testpersonen kleiner geworden. Der Gedanke, der diesen mehr oder weniger martialischen Versuchsanordnungen zugrunde lag, war und ist ein guter. Sie wollten ihre Besitzansprüche loswerden, dem anderen seine Freiheit und Entwicklungsmöglichkeiten lassen, realistischer sehen, daß ein einzelner Mensch einem anderen nicht restlos genug sein kann, ihre Beziehungen nicht als bloße Schwärmerei betrachten, sondern zum Ort gleichberechtigter Auseinandersetzung machen, und vieles mehr. Tatsächlich wurden in diese Richtung viele positive Schritte getan. Aber sie verlangten mehr von sich, große Sprünge verlangten sie. Das ist in keiner Dialektik vorgesehen.

Tina kam immer noch nicht. Wahrscheinlich schlief sie bei Birgit. Auch egal. Sollen sie doch ... Ich kann ja morgen früh nachsehen, ob es stimmt. Ich bin ja als erster auf, und wenn ihre Tür offensteht, dann ... Verdammt, jetzt bricht sie auch noch in unsere letzte Domäne ein. Einfach beieinanderliegen, ganz vertraut. Oder was machen die jetzt? Es ist zwar nicht das erste Mal, aber die Vorstellung, daß sie sich auch noch anfassen, ist jetzt unerträglich. Dann schon lieber mit Thorsten. Das macht mich zwar eifersüchtiger, aber ... Was aber?

Natürlich bedrohte ihn Frauensexualität oder das, was er sich darunter vorstellte, viel stärker. Gerade weil er nichts wußte. Zumindest wäre es etwas ganz anderes. Und er mußte doch befürchten, daß sie etwas vollkommen Neues, Schöneres entdecken konnten.

Was sollte der schon prinzipiell besser können als ich? Nein, ich glaube sogar, daß es mit anderen Männern viel läppischer ist. Ich weiß es sogar, für sie ist es jedenfalls so. Ich baue mich auf. Aber es läßt mir jetzt keine Ruhe ... Ich gehe rüber und sage ihnen, daß ich das alles nicht aushalte. Ich bin allein auf diesem verdammt großen Bett. Ich gehe.

Ich ging nicht. Ich stellte mir vor, wie ich mitten im Zimmer stehen würde und was ich alles sagen müßte. Ich spielte es durch und brachte keinen vernünftigen Diskurs zustande. Außerdem würden sie nicht so weit gehen. Alles Einbildung. Aber warum hatten sie viel engere Beziehungen zueinander als ich zu Männern? Sicher, ich habe einen Freund. Wir sprechen – vorsichtig – über unsere Beziehungen zu Frauen, über unsere Sexualität. Nicht ständig, aber wenn's drückt. Und doch sind sich die Frauen näher und nicht nur, wenn sie sich gar an das große Tabu, an ihre Körper, heranwagen. Was ist das? Ist das immer noch der Übungsvorsprung, weil sie als kleine Mädchen schon Hand in Hand gingen und sich alles erzählten, und niemanden hat das aufgeregt? Wahrscheinlich ist es wirklich so. Sie haben mehr ausprobiert und gelernt. Sie kamen besser ausgerüstet in unsere ersten Beziehungsversuche hinein. Aber warum waren und sind unsere Männerbeziehungen vorsichtiger und eckiger? Weil uns schon unsere Mütter näher waren als die Väter und wir doch nicht an die Mütter herankamen? In unserer Ödipus-Kiste stecken wir wohl alle, aber vielleicht war unsere Spaltung tiefer, weil uns gerade die versagt wurde, die doch immer da war und in so vieler Hinsicht nah erschien. Und was weiß ich von Tinas ersten Freundinnen? Vielleicht frage ich sie das doch noch mal.

Mein erster Blick am nächsten Morgen galt ihrer Tür. Die Tür war zu. Tina schlief. Bevor ich das Haus verließ, öffnete ich leise ihre Tür und trat auf Zehenspitzen an ihr großes Bett. Sie lag da, zusammengerollt und anmutig. Ich beugte mich herab, um ihr einen Kuß zu geben. Ohne die Augen aufzuschlagen, zog sie mich zu sich herunter und flüsterte: «Du, ich finde, wir sollten zu unseren verrückten Gefühlen stehen. Denk mal darüber nach.»

Als ich ins Auto stieg, schien mir der bevorstehende Arbeitstag schon fast geschafft.

Epilog

Als sie sich nach sechs Jahren trennten, zogen sie auseinander. Als sie dies geschafft hatten, kamen sie wieder zusammen und stellten die schönsten Situationen der vergangenen sechs Jahre nach, und einige erlebten sie neu. Jahre später hatte sie eine starke Liebesbeziehung zu einer Frau. Er erfuhr es von der Freundin. Sie hatte es ihm nicht sagen können, weil sie «Angst vor seinen dummen Sprüchen» hatte. Viel später gelang es ihnen, gut darüber zu sprechen. Sie hat jetzt wieder eine Beziehung mit einem Mann, mit allen Schwierigkeiten, die dazugehören. Ihm geht es auch nicht besser.

In dieser Weise boten die beiden bis zum Schluß und noch danach ihrer Umgebung jahrelang viel Stoff, was von einigen mit großer Dankbarkeit aufgenommen wurde. Vor allem ihre Freundin kniete sich in die Wechselfälle der beiden tüchtig hinein und bearbeitete ihren Fall mit bemerkenswerter Akribie. Man mag darüber denken, was man will. Anstrengend war es schon, aber schlecht – war es nicht immer.

Viertes Kapitel

Männer ausgeschlossen

«Du willst hier wohl 'ne Frauengruppe aufbauen!» hörte ich von Männern in einer gemeinsamen Arbeitsgruppe, als ich ein Problem, das nur wir Frauen haben können, besprechen wollte. Ich wagte dabei, bewußt «als Frau» zu sprechen.

«Du entfremdest meine Freundin von mir», sagte mir mit 21 der Freund meiner besten Freundin, von dem ich dachte, daß er mich auch mag.

«Deine Freundin ist eine Hexe, bei ihr laufen alle Fäden zusammen», sagte mir jüngst ein sehr naher Freund.

Es ist zum Haare-Ausraufen! Wir wollen doch kein Entweder-Oder, nicht mit Frauen *statt* mit Männern leben, sondern mit beiden, ohne Hierarchie! Ich jedenfalls. Aber ich werde immer wieder von Männern in die Entscheidung gedrängt: Wer ist wichtiger für dich?! Deshalb allein schon muß ich mich hier damit beschäftigen, was Frauenfreundschaften für Männer so Bedrohliches an sich haben können.

Ein Mann erzählte mir, die Undurchschaubarkeit der Frauenverhältnisse sei es, was ihn unruhig mache. Und daß seine Freundin nicht genau sagen könne, was er für sie im Unterschied zu ihren Freundinnen bedeute. Ein anderer berichtete, daß er nie neidisch auf die Freundinnen seiner Frau werden könne, weil sie ihm immer alles erzähle und so viele Probleme mit Frauen habe.

Ich habe diesen Männern genau zugehört und vieles über mich erfahren. Am Schluß dachte ich: Das ist es wohl: die Durchschaubarkeit. Warum kann ich sie nicht geben? Ich finde sie doch auch für mich wichtig. Ich möchte ja auch erspüren, welche Menschen weshalb für meinen Freund wichtig sind, weil das ja auch ein Teil von seiner Persönlichkeit ist. Aber festlegen und festlegen lassen, ein für allemal, und vielleicht auch noch mit einer Stufenleiter, mit Rangabzeichen versehen – das geht nicht. Und eins wurde mir auch klar: Durchschaubarkeit kann es natürlich nach beiden Seiten nur geben, wenn wir mehr über uns selbst wissen. Das aber scheint schwierig zu sein, nicht nur für mich. Wir wissen ja selbst zu wenig meist, was uns bestimmte Freundschaften bedeuten und was sie für uns zu bedeuten haben. Es stürzt uns ja selbst in Verwirrung, was wir von Frauen alles erwarten. Was wir von Männern erwarten können, wurde uns früher vorbuchstabiert, ist aber immer mehr ins Wanken geraten. Wir verändern uns; nicht selten, weil die Männer mit unserer Abhänigkeit auch nicht klarkamen. Nur, damit verändern sich auch unsere Wünsche an den Mann. Er ist nicht mehr der Sinn des Lebens, aber er ist auch keine Randfigur für die meisten. Verständlich, daß er dabei in Verunsicherung gerät und nicht selten auf klare Handlungsanweisungen wartet. Aber die gibt es leider nicht. Vielleicht ist es ja ein kleiner Trost, wenn wir zugeben, daß wir ebenso verunsichert sind. Nur macht Unsicherheit dem einen mehr, dem anderen weniger Angst. Und ich habe das Gefühl, daß Frauen Veränderungen, offene Situationen und Verhältnisse zur Zeit spannender finden als Männer, jedenfalls in meinem Alters- und Herkunftsmilieu.

Es tut weh, wenn die Entwicklungen zwischen Menschen, die eigentlich sehr viel voneinander wollen, ungleichzeitig verlaufen. Aber ich glaube, zunächst war die manchmal übertriebene «Frauenpower» und ‹Sisterhood› sehr notwendig. Notwendig auch die Verunsicherung der Männer. Momentan aber sehe ich zum Glück vorsichtige Veränderungen bei meinen Freunden: Die Frauen sehen ihre Freundschaften untereinander nicht mehr so idealisiert, erklären Probleme nicht mehr so vorschnell mit dem beliebten Mann-Frau-Unterschied, haben es nicht mehr nötig, ihre Freundschaft auf der Abgrenzung zum Mann basieren zu lassen. Und Männer fangen an, Freundschaften zu ihresgleichen, aber auch zu Frauen, ernster und nicht nur als Ersatz für die Liebesbin-

dung zu nehmen. Vielleicht wird die Angst vor offenen, uneindeutigen Beziehungen dadurch etwas weniger. Vielleicht schafft es ja auch dieses Buch mit, ein Stück Furcht, Mißtrauen, Neid, Vorurteil der Männer abzubauen. Allerdings sehe ich es dazu als notwendig an, daß sich auf der einen Seite Frauenfreundschaften nicht mehr als Trutzburg gegen den Mann oder die Männer verstehen. Auf der anderen Seite aber müßte es gelassen ausgehalten werden, wenn Frauen sich gesondert und ausschließlich aufeinander beziehen wollen: von Zeit zu Zeit, ständig parallel zur Arbeitswelt und Liebesbeziehung. Oder auch als Lebensweise, wenn sie Frauen erotisch lieben. Männer tun dies alles ja auch seit Jahrhunderten, und überwiegend sehr selbstverständlich. Sie scheinen nur nicht so viel Genuß daraus zu ziehen, sonst wären sie niemals neidisch.
Eine Wichtigkeit gehört außerdem zu meinem Traum von Veränderung: daß es mehr gute, exklusive Freundschaften zwischen Mann und Frau gibt, die nicht nur die Vorstufe zur sexuellen Verbindung sind oder in die Schublade Geschwister, Liebesbeziehung, Affäre gehören. Denn ich glaube daran, wenn Mann und Frau sich wirklich in solchen Freundschaften nahe sein können, braucht es weniger die Angst vor dem «großen Unbekannten» von Frauenfreundschaften zu geben.

Aus *Katharinas* Sicht stellt sich das so dar:

Viele Jungen sind eifersüchtig

«Eigentlich kann ich aus meinen Erfahrungen sagen, daß ich zu Frauen bisher intensivere Gefühle entwickeln kann als zu Männern. Aber das liegt bestimmt an der Freundin, die ich jetzt habe. Ellen und ich scherzen manchmal so rum: Die wahre Liebe gibt es nur unter den Frauen. Und manchmal ist der Spruch auch gar nicht so daneben. Ich mein, ich bin nicht so eine typische Emanze, die Männer als was Schlechtes sieht oder als was Dummes darstellt, aber ich

hab eben immer nur was Tolles mit Frauen erlebt. Die Sachen erlebt, die für mein kleines Leben unheimlich wichtig waren. Da waren immer Freundinnen da. Ich hab auch mit Karlo versucht, so ein Vertrauensverhältnis zu kriegen, so eine Offenheit. Und auch Spontaneität: einfach mal seine Gefühle zu zeigen. Egal, ob der andere das nun gerade blöd oder toll findet. Eben immer nicht nur das Tolle zu zeigen. Aber da bin ich bei ihm nicht gelandet.
Ich bin auch sehr traurig darüber, daß viele Jungen eifersüchtig sind, wenn ich ihnen erzähle, was ich mit Ellen oder anderen Freundinnen so berede. Das muß gar nicht mal mich selbst betreffen, sondern einfach die Themen sind es. Das stört sie, daß man mit den Freundinnen so was Kluges redet, in Anführungsstrichen, und mit ihnen selber nicht. Dabei hab ich das Gefühl, sie können es auch gar nicht. Aber was heißt, sie können es nicht? Ich hab das jedenfalls noch nie so richtig erlebt. Dabei würde ich es sogar sehr gern haben. Ich wage zu behaupten, daß die Jungen ein Bedürfnis nach so einer intensiven Beziehung überhaupt erst durch 'ne Freundin kriegen. Also das ist 'ne These von mir jetzt, die erst mal meinen Erfahrungen entspringt.»

Christine schildert die Dreier-Situation mit Freundin und deren Freund in Spanien sehr eindringlich:

Entweder – oder

«Ihr Freund Vicente hat sich am Anfang auch gefreut, daß ich da war, weil Irene eben darauf gewartet hat, daß jemand kommt, mit dem sie reden kann. Also auch eine Frau. Am Schluß war es dann so, daß wir sehr viel zu zweit gemacht haben und er etwas in den Hintergrund rückte. Da hat er Eifersuchtsszenen gemacht und mich ab dann total ignoriert, nicht mehr mit mir gesprochen, war immer schlecht gelaunt. Erst als er erfuhr, daß ich wieder fahre, ging seine

Laune wieder hoch. Wir hatten drei Schlafzimmer, es war noch ein Freund da, Uwe. Ich hatte ein Zimmer, Uwe eins, und Irene und Vicente schliefen in einem. Die ersten Tage haben sich Vicente und Irene irre angebrüllt, das war für mich sehr erschreckend. Da blätterte für mich so einiges ab von dem, was sie immer erzählt hatte, große Liebe und so. Aber diese Streitereien kamen wahrscheinlich nur raus, weil sie vorher so lange beengt bei seiner Mutter gelebt hatten und sich irre auf 'n Keks gingen. Zu dritt zwei Wochen in einem Zimmer. Mit dem Uwe eben, dem Freund, der auch erst noch zu meiner Zeit da war. Als der dann wegfuhr, ist Vicente in das leere Zimmer gezogen, weil es so nervig war, denn er konnte in dem gemeinsamen Zimmer morgens nicht schlafen, wenn er von seinem Job in der Diskothek kam, weil die Autos immer vorbeifuhren. Und Irene sollte auch nicht geweckt werden, wenn er kam. Denn sie mußte eine Stunde später zu ihrer Arbeit. Furchtbare Zustände für die beiden: Er kommt von der Arbeit, sie geht zur Arbeit, sie sehen sich gerade mal zwei Stunden am Tag. Schon beschissen. In der Saison muß er sieben Tage pro Woche arbeiten.
Na, also er war nachts immer arbeiten, und wir sind, was Irene sonst nicht gemacht hat, nachts fast immer weggegangen. Haben uns in so eine Kneipe gesetzt am Markt, die war ganz toll. Da haben wir geredet, über alles mögliche: über unsere Kindheit – sie beschäftigt sich sehr mit ihrer Kindheit, vor allem mit ihrer Mutter. Ich hab dann eben auch über meine Geschwister geredet. Sie über ihre, weil der eine Bruder sich letztes Jahr umgebracht hat. Das hat sie sehr belastet. Sie hat sich nämlich zum Teil die Schuld gegeben daran, was natürlich Quatsch ist. Darauf beruhte auch ihr Selbstmordversuch. Darüber hat sie nie vorher geredet. Wir haben dann stundenlang über solche Themen gesprochen. Auch über ihren Vater, der voriges Jahr ertrunken ist in Spanien. Das hört sich jetzt alles so dramatisch an, nicht? Ist aber so. Der Vater war Alkoholiker. Zu der Mutter hat sie 'ne ätzende Beziehung.
Wir sind uns durch das Reden sehr nahe gekommen und haben danach auch zusammen in einem Zimmer geschlafen. Und dann ist noch so eine dramatische Sache gewesen: Ich ging weg eines Abends, so um eins oder so, runter in die Stadt, da mußte man zwan-

zig Minuten laufen. Ich wollte in 'ne Diskothek, weil ich da was mit 'nem Typen hatte, der hat da gearbeitet. Ich hatte schon so ein komisches Gefühl, als ich aus dem Haus ging: Kurz nachdem ich weg war, hat irgend so ein Typ immer an ihrer Haustür gerüttelt. Das Haus lag recht abseits, der Hund hat irre gebellt, und Irene hat unheimlich Schiß gehabt. Sie konnte die ganze Nacht nicht schlafen. Und daraufhin haben wir die nächste Nacht zusammen geschlafen. In einem Zimmer. Aber in getrennten Betten. Vicente kam morgens nach Hause, und dann gab es den Krach: Er meinte, wir hätten auch sexuell was miteinander. Er ist überhaupt ein Typ, der nie nähere Freundschaften hatte, weder zu Männern noch zu Frauen. Er hatte zwar vor Irene schon 'ne Freundin, das lief so vier Jahre, er hatte auch viele erotische Techtelmechtel durch die Arbeit in der Disko. Aber davon hatte er die Schnauze ziemlich voll, weil er sich sehr oft ausgenutzt vorkam von den reichen Urlauberinnen. Und er kannte es eben nicht, daß man mit Leuten auch zusammenlebt, daß man so 'ne kameradschaftliche Beziehung hat. Und da war dann die Eifersucht da. Er hat es schon schwer gehabt, wenn er morgens aufstand, daß ich überhaupt in der Küche war. Das war ihm auch schon bei Uwe so gegangen. Er hat sich auch über mein Äußeres aufgeregt. Aber es war eigentlich mehr, weil ich mit Irene so gut auskam. So richtige Punks, was ich ja auch nicht bin, gibt's in Spanien gar nicht. Aber so Leute wie mich, die ein paar Ketten umhaben und die Haare so, davon gibt's 'ne ganze Menge. Und er kann mit denen eben nicht viel anfangen.
Am Anfang haben wir uns eigentlich gut verstanden, sind auch zusammen mal alleine weggegangen. Da ging's eigentlich ganz gut. Wir haben rumgelacht, obwohl wir uns ja sprachlich nicht doll verständigen konnten. Am Anfang war das alles für ihn nicht so ein Problem. Ich bin auch immer weggegangen, raus oder spazieren, wenn er da war. Denn wenn sie schon nur zwei Stunden am Tag füreinander Zeit haben, wollte ich ihnen die Zeit auch lassen. Dann hat sie eigentlich auch fast nur mit ihm geredet, nicht mit mir. Aber mit der Zeit änderte sich das, so daß wir, auch wenn er da war, viel miteinander geredet haben. Das ist ihm dann schon aufgefallen. Am Schluß hat er überhaupt nicht mehr mit mir geredet. Nur als ich

wegfuhr, hat er mich noch zur Nationalstraße gebracht. Da war er dann schon wieder besser drauf. Hat mich auch umarmt und geküßt am Schluß. Aber ich glaube, daß es für ihn ein generelles Problem ist, daß es für Irene auch noch andere Leute gibt als ihn.
Das Komische war, daß das Ganze Irene gar nicht ins Schleudern gebracht hat. Sie wußte genau, daß sie Vicente liebt, aber ich war eben auch sehr wichtig für sie. Sie hat ihm das dann eben auch offen gezeigt. Nicht plötzlich gesagt, also Christine, du mußt Vicente verstehen. Sie hat schon versucht, mir das zu erklären, was sich bei ihm abspielt, und ich hab das auch akzeptiert und verstanden, so ist es nicht. Aber sie hat eben nicht gesagt, na, wenn er halt da ist, reden wir nicht miteinander. Sondern sie hat das so gemacht, wie ihr zumute war. Und das war auch gut so. Das fand ich ganz toll! Am Schluß war es dann eben so, daß sie nicht mehr genau wußte, wer ihr nun wichtiger ist.
Es war also die schönste Zeit bisher in meinem Leben. Ich fühlte mich durch Vicente eigentlich auch nicht gehemmt. Es gab zwar schon Dinge, da hab ich mich geärgert über ihn. Er kam so mit Kleinigkeiten an. Eines Tages sagte er zu Irene, seine Rasierklingen seien so abgenutzt, ob das von mir käme, ich würde mir doch bestimmt die Beine rasieren. So lächerliche Sachen. Und auch daß er mich in so ein Frauenbild reinschieben wollte: so immer aufgemotzt und männergeil. Weil ich eben auch in seiner Anwesenheit in Diskotheken rumgeguckt hab. Da hat er eben versucht, mich in so eine Kiste zu packen und mich als dümmlich abzutun. Wie ich vielleicht auch auf ihn gewirkt habe. Kann ich mir durchaus vorstellen. Er hatte wohl auch Angst, daß ich Irene anstecke mit meiner Art.»

Der Platz an ihrer Seite

von
Winfried Rangnick

Wenn ich an Ulrike denke, denke ich auch an Julia. Bei Dörte waren es gleich drei, die händchenhaltend an ihr hingen. Und meine Gedanken an Tina vermischen sich düster mit denen an Birgit, die Alleswisserin, die Durchblickerin, die am Ende mehr über Tina und mich wußte als wir selbst, zumindest in unseren schlechten Tagen.
Freundinnen der Freundinnen. Es gab sie in vielen Formen: zum Beispiel als Freundin der Geliebten. Das war natürlich gut aushaltbar. Wie aber, wenn man entdeckte, daß sie eher die Geliebte der Freundin war? Nur ein Streit zwischen dem männlichen Stockfisch und der weiblich Verständnisvollen? Nein. Zugegeben, manchmal verstanden sie mehr, weil sie anderes verstanden, und manchmal halfen sie uns sogar. Das allerdings nur selten. Meistens hatten sie ein schiefes Bild. Gute Tage interessieren weniger als schlechte, und die schlechten lassen sich verdammt viel besser erzählen.
Zuallererst traten sie eigentlich nur als Verhinderinnen auf den Plan. Natürlich waren sie auch ganz praktisch, in der Tanzstundenzeit z. B., denn zu zweit durften Mädchen auf einmal fast alles. Aber sie waren gleichzeitig – und das wußten die Eltern natürlich – der lebendige Keuschheitsgürtel. Eine Art Urkonkurrenz formte sich. Zuerst Erlebtes ist bekanntlich das Nachhaltigste. Deswegen will ich vorn beginnen, der Ordnung und der Wahrheit halber.

1959. Klassenzimmer der 4a. Wir sitzen zu zweit an blaßbraunen Holztischen, auf kleinen Drehstühlen neuerdings, ausgerichtet auf die große dunkle Tafel zwischen gekalkten Wänden, das Terrain von Fräulein Junge, unserer netten, blassen Lehrerin. Hell und freundlich soll es sein in unserem neuen, pädagogisch durchdachten Pavillonraum. Hell ist es wirklich.
Ich bin fertig mit dem Abschreiben und schaue auf Erikas Rücken,

der ganz rot ist und mich reizt. Seit drei Tagen schon bin ich von diesem Rücken schrecklich abgelenkt. Aber daran ist Fräulein Junge selbst schuld. Sie hat sich nämlich etwas Besonderes für uns ausgedacht, nach dem Umzug in das neue Gebäude. Es sitzen jetzt immer ein Junge und ein Mädchen an einem Zweiertisch. Gemischtgeschlechtlich hat Fräulein Junge das genannt und ein wichtiges Gesicht dabei gemacht. Das Wort hatte mir imponiert, und ich begriff irgendwie, daß nun offiziell ein neues Zeitalter zwischen uns und den Mädchen anbrechen sollte. Vierzehn Schnellehen. Wie gut, daß es aufging.
Die Mädchen waren klaglos auf ihre neuen Plätze gegangen, als Fräulein Junge ihre Wunschpaare aufgerufen hatte. Höchstens an ihren Gesichtern hatte man ablesen können, was sie über den frisch Angetrauten denken mochten. Und natürlich hatten wir alle versucht zu lesen. Wir wußten ja längst, daß nun das Eigentliche begann. Mann und Frau. Die Jungen waren den Anweisungen unter leisem Grummeln oder Stöhnen gefolgt. Das war klar. Allemal nachdem Brinker, der als erster dran war, ein deutliches ‹Auch das noch› fallengelassen hatte. Alle Mädchen sind doof? Wirklich gedacht hat das keiner, aber natürlich war uns nicht entgangen, daß wir irgendwie die Wichtigeren waren. Ich hatte nichts gesagt, obwohl Dorothee eindeutig die falsche war. Schließlich kannte ich sie schon ganz lange. Unsere Mütter gingen immer gemeinsam in diesen Film-Club, und wir hatten früher oft zusammen gespielt.
Mann und Frau. Nun also sollten wir uns offiziell entdecken. Ich entdeckte Erika, das heißt genaugenommen erst mal ihren Rücken. Sie entdeckte mich nicht, jedenfalls vorläufig nicht. Sie war vollauf mit anderem beschäftigt: Sie schrieb Briefe. Sie reagierte, wie die meisten Mädchen, auf die erzwungene Nachbarschaft mit der Aufnahme eines regen Briefverkehrs mit ihrer besten Freundin. Die Mädchen schrieben, wir durften die Kuriere sein. Ich allerdings war in dieser Hinsicht ausgeschaltet, denn Erikas Briefe hatten einen kurzen Weg. Ihre beste Freundin war nämlich Dorothee. Was schrieben sie? Wenn ich es nur wüßte! Dorothee hielt penetrant ihre linke Hand vor die heimliche Post und guckte mich strafend an, wenn ich einen Blick wagte. Ob die auf diesem Weg ihr Grummeln

oder Kribbeln zu den neuen Partnern austauschten? Eigentlich war das fast sicher. Schließlich waren die auch nicht von gestern.
Wir spielten schon seit längerem auf dem Schulhof ‹Columbus›. Die ‹Eroberung Amerikas› sah so aus, daß einer anfing, irgendein Mädchen zu jagen, und dann ging's Hand in Hand zu zweit weiter. Und wenn man eine Viererkette hatte, teilte man sich wieder in zwei Pärchen. Amerika war erobert, wenn nur noch Pärchen da waren, und die Mädchen hatten das voll begriffen. Die rannten auch gezielt und nicht zu irgendwem. Eher nahmen einige Jungen das Ganze etwas zu sportlich. Nein, die Mädchen wußten Bescheid. Was aber schrieben die sonst noch? Das allein konnte nicht tagelang immer wieder Inhalt der kleinen Zettel sein. Und der Verkehr riß nicht ab. Erika drehte sich bald nicht einmal mehr um – was ich zunehmend bedauerte, sondern schob ihrer Dorothee die Botschaften bemerkenswert unauffällig herüber, mit einer geübten Drehung des Arms, ohne dabei den Oberkörper auch nur leise zu bewegen. Und aus den Zetteln wurden Briefe. Mich beunruhigte das irgendwie. Was schrieben die nur alles? Am dritten Tag verfaßte ich an Detlev ein Briefchen, in dem ich die längst getroffene Verabredung für den Nachmittag bekräftigte. Mehr Briefe verschickte ich nicht.
Ich sitze dicht an meinen Tisch gedrückt und entdecke Erika immer noch. Sie hat wieder ihr rotes Kleid an mit den Puffärmeln und der weißgeblümten Schürze, die hinten mit einer Schleife zusammengebunden ist. Ich finde das schick. Ich kann die Schleife leicht erreichen. Soll ich? Es geht sehr einfach und schnell, und Erika dreht sich dann um und guckt. Das letzte Mal hat sie keinen Krach geschlagen wegen der Schleife, dabei hätte sie mich so leicht verpetzen können, nur mit den Augen hat sie gefunkelt, aber nicht richtig böse. Und da es gerade klingelte, habe ich ihr die Schleife wieder zusammengebunden, und Dorothee hat gelacht, wie komisch ich Schleifen mache, die Pute. Sie hatte sich bestimmt geärgert, daß ich schneller war mit dem Radiergummi. Erika hatte nämlich Dorothee angeguckt, als sie fragte: «Hast du mal 'n Radschifummel?» Nun hat sie meinen. Als sie ihn mir zurückgeben wollte, habe ich gelogen, daß ich mindestens noch zwei hätte. Soll ich?
Nein, das mit der Schleife ist irgendwie vorbei. Ich schrecke auf,

weil sie sich mit einem Ruck nach hinten in den Stuhl fallen läßt, dabei ihren langen schwarzgelockten Pferdeschwanz mit einer schnellen Bewegung über die Stuhllehne wirft, so daß ihre Haare fast mein Gesicht streifen. Sie hat so schöne Haare wie eine Zigeunerin. Italienisch sieht das irgendwie aus, wie die Lollo und die Loren ein bißchen. Ich rieche wieder diesen komischen Geruch von der Kekssorte, die ich nicht mag. Aber ich nehme ihr das nicht übel. Es ist ja Erika. Jetzt ist die Schürzenschleife unerreichbar, aber dafür ist das noch lockendere, schmale Samtband, das ihren Pferdeschwanz zusammenhält, ganz dicht vor mir. Irgendwie bringt mir niemand bei, wie ich erfolgversprechend mit all diesen Rüschen und Schleifen umgehen soll. Die Schule versagt völlig. Fräulein Junge sowieso. Nach ihrer ersten Idee ist ihr offenbar nichts mehr eingefallen. Aber dazu ist sie auch viel zu bläßlich. Ich werde allein weitergehen.

Einige Tage später mache ich einen Schritt voran. Ich muß wissen, wo Erika wohnt. Jetzt, nach dem Umzug in die neue Schule, gehen wir nicht mehr entgegengesetzt, sondern haben den halben Schulweg gemeinsam. Ich muß natürlich mit Detlev gehen, aber Erika und Dorothee schlendern, Hand in Hand, vor uns her. Ich habe einen klaren Plan. Detlev muß als erster nach links ab, dann Dorothee, zur Neubausiedlung, wo die Offiziere wohnen. Ihr Vater ist bei der Marine. Erika hat den längsten Weg. Ich weiß nur nicht, wo er endet. Endlich. Detlev geht quer über den Blücherplatz, die Mädchen geradeaus am Platz entlang vor mir her. Ich müßte jetzt in unserer Seitenstraße verschwinden. Ich stoppe und zittere. Wenn sich jetzt einer von den dreien umdreht, bin ich verraten. Auf eine Ausrede komme ich nicht. Aber was sollte ich jetzt auch anderes wollen und dürfen, als schnurstracks nach Hause an den Mittagstisch zu laufen. Als Detlev endlich von den Kastanien am Kopfe des Platzes verschluckt wird, werde ich ruhiger. Vor Detlev wäre mir das besonders peinlich. Komisch. Vielleicht geht es ihm ja genauso. Zumindest ist er beim ‹Columbus› immer hinter Britta her. Angegrinst haben wir uns, aber gesprochen haben wir nicht darüber. Vielleicht frag ich ihn ja mal, wen er gut findet. Aber erwischt werden möchte ich gerade von Detlev nicht. Ich sehe die Mädchen am Schaufenster

des Fotografen stehenbleiben, sehe, wie Dorothee ihre Hand auf Erikas Schulter legt. Warum bin nicht ich an ihrer Stelle? Ich könnte das bestimmt auch, mich mit ihr unterhalten und alles. Es wäre wunderbar, so eng mit ihr zu gehen. Aber der Platz ist besetzt.
Am Spielplatz gibt Dorothee Erika sogar noch einen Kuß auf die Wange, aber dafür ist sie dann auch weg. Jetzt bin ich ganz ruhig, werde frech. Erika. Soll sie sich doch umdrehen. Ich wollte nur mal sehen, wo du wohnst. Dann wüßte sie alles. Soll sie doch. Ihre Straße. Hier irgendwo muß es sein. Sie dreht sich nicht um. Sie verschwindet in einem Blumenladen. Komisch. Ich warte. Eine Frau kommt aus dem Laden. Dann noch eine. Ich wage mich vor, gehe ganz langsam am Schaufenster vorbei. Nichts. Ein kleiner leerer Blumenladen. Sonst nichts. Natürlich. Erikas Mutter muß einen Blumenladen haben. Durch die geöffnete Außentür höre ich Stimmen aus einem Hinterraum. Ja, hier wohnt sie. Erika.

1961. Ich bin im Gymnasium. Schon über ein Jahr. Hier sind nur Jungen. Das andere Geschlecht ist weg. Hat Fräulein Junge das gewußt?
Erika und Dorothee sind auf die Realschule gekommen. Detlev hat versagt auf dem Gymnasium, und nun haben seine Eltern ihn heruntergenommen und auch in die Realschule gesteckt. Furchtbar, sagt meine Mutter. Trotzdem denke ich immer noch an Erika. Mein neuer Schulweg führt direkt durch ihre Straße. Und wenn wir vor dem Bäcker stehen und Kuchenreste oder Amerikaner essen, sehe ich ihren Blumenladen gegenüber. Sie sehe ich nie.
Detlev geht jetzt wieder in eine Klasse mit Erika und Dorothee. Und er sagt, wir könnten spazierengehen mit den Mädchen.
Damals, als wir von ihnen getrennt wurden, habe ich ihm alles erzählt, von Erika, denn da war sowieso schon alles egal. Ich hatte sie nie ohne Dorothee erwischt. Und ich glaube, Dorothee hat alles geahnt, denn sie hat immer so komische Andeutungen gemacht. Wahrscheinlich hat sie mich bei Erika schlechtgemacht. Als Detlev dann aber sagte, daß er Doro ganz toll fände, habe ich doch ein bißchen gezweifelt. Ich glaube, er fand das einfach praktisch so, und einer allein würde sowieso nicht an die herankommen, da waren wir

uns sicher. Sie hatten sich fest in ihrer Mädchenburg verschanzt, und Hilfe von außen war nicht zu erhoffen. Aber ich gebe zu, daß ich auch nicht besonders mutig war.
Wie gut, daß ich Detlev habe. Spazierengehen. Er sagt, das sei ganz einfach. Er mache das schon. Er sagt auch etwas von Grabbeln und bewegt dabei die Finger seiner umgedrehten Hand, so als würde er jemanden von unten kraulen. Er lacht fröhlich dabei, und ich glaube, er meint das nett. Ich weiß von meiner Schwester, daß die Mädchen irgendwann kleine krause Haare da unten haben, auf samtweicher Haut, und ich denke komischerweise, daß Erika das längst hat, obwohl bei mir noch gar nichts zu sehen ist. Ich finde die Vorstellung zu grabbeln immer angenehmer. Trotzdem will ich erst nur spazierengehen.

Detlev sagt Bescheid. Morgen. Wir treffen uns am Blücherplatz. Ich mache dreimal die Haare naß, um meine blonde Elvis-Tolle nach rechts hinten zu werfen. Es regnet. Ich muß die Frisur schützen. Ich ziehe die Windjacke an, die man über den Kopf zieht. Sie hat eine Kapuze. Ich bin viel zu früh da, stehe dumm mitten auf dem Platz. Detlev taucht zwischen den Kastanien auf. Da. Erika und Dorothee kommen von unten über den Platz. Hand in Hand. Dorothee hat schon einen richtigen Busen. Erika eigentlich nicht. Aber das ist mir egal. Erika hat auch eine Windjacke an, eine rote. Hallo. Alle tun so, als würden wir uns rein zufällig treffen. Wir gehen auf den Spielplatz, machen Klimmzüge am Reck und Weitsprung in die Sandkiste. Detlev und ich natürlich. Die Mädchen sitzen auf der Bank. Sie schauen uns kaum an. Wollen wir nicht ins Düsternbrooker Gehölz? Ja, wir wollen. Was sollen wir sonst wollen. Erika und Dorothee gehen vor uns her, Hand in Hand. Sie unterhalten sich aber so laut, daß ich glaube, wir sollen es hören. Wir hören. Sie sprechen über das ‹Weiße Rössl am Wolfgangsee›, der im ‹Metro› läuft, mit Peter Alexander, frei ab zwölf. Ich habe ihn gesehen und finde, daß Dorothee keine dollen Sachen sagt. Aber ich sage nichts.
Im ‹Düsti› kann man viel machen, Kaulquappen fangen im ‹Mondspiegel›, Kastanien und Bucheckern sammeln usw. Ich komme mir affig vor, aber ich sammle und fange wie Detlev. Irgendwann gibt es

Transportprobleme. Ich ahne, daß Mädchen wahrscheinlich nur eine Kastanie haben wollen und sage zu Erika: Schmeiß sie weg. Sie behält wirklich eine, und ich freue mich sehr. Endlich, auf der Steinbank am Mondspiegel: Wir unterhalten uns. Über Peter Kraus und den heißen Sommer von vor zwei Jahren. Detlev sagt, Doro sehe aus wie Connie. Ich wage nicht, etwas von der Lollo und der Loren zu sagen, und singe statt dessen mit verteilten Rollen die Teenager-Melodie von Connie und Peter. Erika lacht mich an: Du kannst ja ganz toll singen. Ich möchte mit ihr allein sein. Jetzt.
Dorothee steht auf und nimmt Erikas Hand. Falsch. Wenn sie doch endlich aufhören würde, immer Erikas Hand zu grabschen.
Detlev hat die Idee mit der Laubhöhle. Ich denke zuerst, das ist wieder so eine Jungenidee, aber die Laubhöhle ist dann doch sehr wichtig und hat weitreichende Folgen. Wir schaffen Zweige und Laub herbei, alle vier, und dann bauen wir unseren Prinzessinnen ein Schloß. Wir haben eine gute Stelle gefunden, eine kleine Fläche vor einem Zaun auf einer steilen Anhöhe. Hier kommt niemand her, es ist eine Sackgasse. Der Zaun grenzt an das verwilderte Grundstück eines Sanatoriums. Von dieser Seite fällt Licht in die Höhle, so daß wir uns sehen können. Wenn man hineinkriecht, ist es wie in einem kleinen Eisenbahnabteil, rechts und links je zwei Plätze. Die Mädchen kriechen als erste. Ich stecke den Kopf hinein. Sie sitzen nicht nebeneinander, der Platz neben Erika ist frei. Die Würfel sind gefallen.
Wir sind oft zur Höhle gegangen. Wir haben uns immer unterhalten. Bis Dorothee einmal sagte: Ich würde gern wissen, wann es passiert. Von da an haben wir diesen Satz immer wieder in unsere Gespräche eingeflochten. Es kann morgen passieren oder übermorgen oder jetzt gleich.
Es ist nicht passiert, nicht zu viert in der Höhle. Für den ersten richtigen Kuß wollten wir allein sein.
Es ist Winter. Die Höhle ist verfallen. Wir sehen uns nicht mehr. Sie laufen Schlittschuh, zu dritt. Ich leide sehr, weil ich nicht Schlittschuh laufen kann. Ich schütte Wasser auf unseren Zweiquadratmeterbalkon und übe zu Hause. Aber es hilft nichts. Auf der Eisbahn stehe ich nur herum. Ich kann die schnellen Spiele ja doch nicht

mitmachen. ‹Columbus› auf Schlittschuhen. Warum läuft Erika mit den anderen. Sie ist gemein.
Nach den Weihnachtsferien erzählt Detlev es dann. Dorothee hat ihn zu Hause besucht. Sie war immer die Mutigere. Er hat auf einem Stuhl gesessen, sie auf seinem Schoß, und sie haben sich geküßt mit Zungenschlag. Die Pute hat es natürlich geschafft. Bei uns hat sie es verhindert.
Einige Tage später küsse ich meine Schwester mit Zungenschlag. Wir kriechen auch zueinander ins Bett, wenn unser Bruder schläft, und streicheln uns. Sie ist fünf Jahre älter und hat einen wunderschönen Busen. Ich bekomme einen Steifen. Unten kraulen wir uns nicht. Wir machen es immer wieder, weil es sehr schön ist, aber es ist eben doch nur meine Schwester.
Den ersten richtigen Kuß kriege ich zwei Jahre später, von Marlies, die viele Freundinnen hat, aber keine feste.
Erika habe ich nie wiedergesehen.

Fünftes Kapitel

Gemeinsamkeit und Konkurrenz

Meine These ist, daß die Konkurrenz unter Frauen deshalb so schmerzlich ist, weil der Gemeinsamkeitswunsch so groß ist. Männer akzeptieren viel eher, daß es Grenzen, daß es Konkurrenz unter ihnen gibt und verkleistern diesen Tatbestand nicht durch übertriebene Zuwendung oder beschworene Solidarität. Damit will ich nicht sagen, daß sie es besser haben oder machen: Schon im ersten Kapitel habe ich ja kurz angedeutet, welche Möglichkeiten in Männerfreundschaften oft ausgespart bleiben: über Schwäche reden, Ängste zugeben usw. Wir aber reden so viel über unsere Ängste, Probleme und manchmal nur vermeintlichen Schwächen, daß wir es besser ertragen können, wenn es uns allen schlechtgeht, als wenn es einer von uns besser geht. Neid und Konkurrenz. Konkurrenz und Gemeinsamkeit. Gemeinsam sind wir stark? Nur gemeinsam können wir uns durchsetzen? Ist auch allein sich starkfühlen gleich gegeneinanderantreten? Ich empfinde die Gemeinsamkeits-Forderung unter Frauen zunehmend als Einschränkung und Druck. Ich möchte auch viel allein ausprobieren. Und etwas gemeinsam machen, wenn es dadurch mehr Spaß macht oder besser geht.

«Wir wollten das doch zusammen machen!» kann, wenn es nicht aus beidseitigem Bedürfnis entspringt, schnell wie ein Hammer über einem schwingen. «Frauen gemeinsam sind stark», der Slogan ist dem Erkennen der gesellschaftlichen Schwäche von Frauen entsprungen und nach wie vor als politische Losung richtig. Er ist aber als Forderung unter Frauen absurd, wenn sie nicht sich durchgängig als Schwache sehen. Denn zum Prozeß des Frei-Werdens gehört doch auch auszuprobieren, welche Grenzen ich alleine sprengen kann. Knifflig wird es erst, wenn das Allein-Ausprobieren durch äußere Bedingungen zum «Schlag ins Kontor» der Freundin wird. Nur da, finde ich, muß man in einer guten Freundschaft herausfinden, ob es gegen die andere gemeint ist oder für einen selbst. Zwei Beispiele möchte ich hier erzählen:

1.

Renate und Beate sind Mitglieder einer freien Theatergruppe. Sie spielen ihr Stück mit Erfolg. Am Ende einer Aufführung wird Renate angesprochen, ob sie nicht gegen Bezahlung bei einer anderen Gruppe Regie machen könne. Es reizt sie sehr, ist eine Herausforderung: allein Regie machen – und das bei einer fremden Theatergruppe. Ein Stück Selbständigkeit auf Zeit, die Proben werden sechs Wochen dauern. Sie erzählt es begeistert ihrer Freundin Beate. Die ist enttäuscht. Und zwar von der Entscheidung Renates: «Ich dachte, wir wollten so was gemeinsam machen!»

2.

Zwei Frauen leben vom Schreiben. Die eine als Schriftstellerin, die andere als Journalistin. Beide arbeiten frei. Die Schriftstellerin bekommt einen Auftrag für eine Rundfunksendung. Die Journalistin sieht den Brief bei der Freundin liegen. «Oh, für die Redaktion würde ich auch gern was machen. Gratuliere! Könnt ich mich auf dich berufen, wenn ich da auch mal was loswerden will?»
«Nee, du», sagt die Schriftstellerin. «Das ist, glaub ich, nicht gut. Die fragen bei den Leuten selber an. Ich find's auch grundsätzlich nicht gut, wenn man über Beziehungen an solche Aufträge kommt!»
Sie will also im Beruf ganz auf das «Gemeinsam sind wir stark» verzichten, das gehört für sie allein in ihre politische Betätigung. Während die Journalistin gegenseitige Unterstützung im Beruf als frei Arbeitende richtig und überlebenswichtig findet. Sie gibt auch Kontakte weiter, empfiehlt Frauen an Auftraggeber, rezensiert und lektoriert Bücher von Freundinnen, wenn sie die gut findet – will

aber auf keinen Fall ein Prinzip aus dem Gemeinsamen machen. Erstens – und jetzt wird klar, daß natürlich ich die Journalistin bin – gibt es für mich unterschiedlich sympathische Frauen und unterschiedlich gut arbeitende Kolleginnen, und danach richten sich, da ich keine Sozialarbeiterin bin, meine Empfehlungen und Tips. Und zweitens bestehe ich darauf, daß ich in vielem besser bin, wenn ich allein oder nur assoziiert mit anderen arbeite, weil ich dann meine eigene Arbeits- und Ausdrucksweise besser entfalten kann. Das heißt nicht, daß wir uns nicht gegenseitig die Texte korrigieren oder manche Produkte zusammen herauskommen, in diesem Buch sind auch Texte von guten Freundinnen ...

Ich setze mich also dagegen zur Wehr, daß Gemeinsamkeit mit Gleichmacherei verwechselt wird. Denn das hat wieder etwas von dem Korsett, das Frauen einschnürt, statt auch ihre individuelle Stärke zu fördern. Ich gebe zu, ich bin da vielleicht etwas individuell-anarchisch veranlagt, vielleicht etwas mehr, als immer gut ist. Aber das kommt aus meiner Entwicklungsgeschichte: vier Geschwister und Großfamilie, Internat, Wohngemeinschaften und viele politische Gruppen. Für mich heißt Emanzipation: mehr allein zu machen, zu der manchmal empfundenen Außenseiterstellung zu stehen, sie produktiv einzusetzen, etwas Spannendes daraus zu machen.
Für eine, die Einzelkind war, dann vielleicht Karrierefrau oder perfekte Hausfrau und Mutter, ist es wahrscheinlich erst mal umgekehrt wichtig – für sie heißt Emanzipation: die Gemeinsamkeit entdecken, den Spaß an Frauenprojekten, an Arbeiten, die im Kommunikationsaustausch entstehen. Ich denke, eins ist wichtig bei der Identitätssuche, die von uns Frauen sehr heftig betrieben wird, weil es so wenig vorgelebte akzeptable Muster gibt (wohl auch zum Glück!): daß nicht neue Zwänge geschaffen werden, nicht neue Doktrinen, wie der Weg zu uns selbst und zu mehr Selbständigkeit gegangen werden muß – ob im Beruf, in der Liebe, in der gesamten Lebensplanung. So etwas wie ein innerer Konkurrenzdruck entsteht nämlich durch den psychischen Zwang zur Gemeinsamkeit, durch das Gefühl, wir werden nicht mehr geliebt, wenn wir andere Wege gehen als die Freundin oder aber auch nur ein Stück allein. Wer

weiß denn, ob wir uns nicht an einer unvermuteten Kreuzung wiedertreffen und ein neues Stück gemeinsam gehen?
Schon unabhängig von dem realen Konkurrenzdruck der Arbeitswelt und des augenscheinlich auch männlich strukturierten ‹Liebesmarktes› verletzen wir uns unnötig. Wir haben nicht gelernt, so scheint es, uns über Erfolge unser Freundin zu freuen, ihr zuzureden, wenn sie Risiken eingehen muß, Herausforderungen anzunehmen, auch wenn sie dadurch größer wird. Gemeinsam jammern und sich gegenseitig trösten ist viel leichter. Dabei lechzen wir doch alle auch nach Mitfreude für Erfolge, für Glück, haben wir schon bei unserer Mutter danach gelechzt. Bei ihr haben wir es vermißt, sie konnte es oft nicht geben, weil sie uns in ihrem Hausfrauendasein als Konkurrentin (auch um den Vater) sehen mußte, wenn wir neue, andere als ihre Wege gingen. Manchmal klagen wir es ein Leben lang ein, trotzig, bei der Mutter – aber auch bei Freundinnen. Und sind selbst nicht fähig, es zu geben. Nun könnte man platt-psychologisch sagen, man kann nur etwas geben, das man auch bekommen hat. Aber irgendwo muß ja mal angefangen werden, muß der Zirkel durchbrochen werden, wenn wir weiterkommen wollen. Und dazu gehört wohl, daß wir erst mal unsere starken Seiten an uns genauso wahrnehmen wie die störenden, runterziehenden. Es kann ganz schön befreiend sein, wenn man das Gefühl zuläßt und äußert, daß man einfach stolz auf bestimmte Sachen ist, die auf eigenem Mist gewachsen sind, die wir nicht mitgekriegt, sondern fertiggebracht haben. (Etwas, das traditionell als männlich gilt und von Frauen vorschnell abgetan wird.) Vielleicht könnte es dann ja auch möglich werden, daß wir uns *gemeinsam* an solchen Erfolgen freuen oder weil wir grundsätzlich auch eigene haben, die augenblicklichen der Freundin gebührend beachten und uns mitfreuen können mit ihr.
Richtig ist, daß es unabhängig von uns Konkurrenzmechanismen in dieser Gesellschaft gibt, die nicht so leichthändig durch uns einfach aus den Angeln zu heben sind. Der Arbeitsmarkt *funktioniert* geradezu durch Konkurrenz: Männer gegen Männer, Männer gegen Frauen, Frauen gegen Frauen. Männerkarrieren funktionieren nicht selten durch das Ausspielen von Frauen gegeneinander. Sei es durch die Spaltung der Kolleginnen unter einem Vorgesetzten

oder durch die Spaltung der Frauen, mit denen er überhaupt zu tun hat. In solche, die mit ihm und unter ihm arbeiten müssen und möglichst nicht durch Ehemann und Kinder davon ablenkbar sind. Und solche, die zum Glück nicht durch Erwerbsarbeit «beschmutzt» und von *ihm* abgelenkt sind, allerhöchstens ein klein wenig fürs Taschengeld arbeiten: seine Ehefrau, die Freundin eventuell und vielleicht die eigene Tochter, die wieder einen Mann wie ihren Vater finden soll. Gegen diese Spaltung anzugehen ist für uns besonders schwer. Denn solange die Tatsache, daß Frauen Kinder bekommen, dazu ausgenutzt wird, daß sie sie auch allein erziehen und die Hausarbeit so gut wie allein verrichten, solange ist die berufstätige Mutter immer im Nachteil gegenüber dem berufstätigen Vater – und gegenüber den kinderlosen Kolleginnen. Die berufstätige Mutter muß – jedenfalls in interessanten Bereichen und Positionen – leugnen, daß sie Mutter ist, oder vehement demonstrieren, daß das etwas ist, das den ganzen Tag über nicht die geringste Rolle spielt. Dies ist ein wahnsinniger Identitätsdruck, und ich weiß bis heute nicht, wie das Frauen schaffen; ich schaffe es nicht. Die Konkurrenzhaltung, die aus diesem Druck entsteht, verstehe ich aber. Sie entsteht, paradoxerweise, nicht selten bei den kinderlosen berufstätigen Frauen. Selbst unter Freundinnen. Anstatt daß diese Frauen die anderen, wo es geht, unterstützen oder wenigstens verstehen, grenzen sie sich von ihnen im Berufsleben ab, versuchen ständig zu beweisen, wieviel besser sie für die Arbeitswelt geschaffen sind als die Mütter neben ihnen. Gut, ich verstehe, daß diese Frauen, die, so wie ich, voll zur Verfügung stehen für den Auftrags- oder Arbeitgeber, nicht einsehen, warum sie Rücksicht auf die Kolleginnen nehmen sollen, die auch noch Kinder erziehen – wenn es die Männer nicht tun. Aber wäre es nicht möglich, aus unserer Stärkesituation heraus den Männern auf die Füße zu treten und sie nach ihren häuslichen und väterlichen Pflichten zu fragen? Wahrscheinlich aber sind wir eben gar nicht in einer Stärke-Position, sondern wir empfinden unsere Gastrolle sehr eindringlich. Wir verhalten uns superangepaßt wie alle Aufsteiger und entlaufenen Sklaven. Wir sind nur geduldet, solange wir gut funktionieren und nicht Grundsätzliches in Frage stellen, das wissen wir. Wir hören ja täglich, wie viele arbeitslose Männer es in unserem

Beruf schon gibt. Also können wir doch froh sein, noch Beschäftigung zu haben. Und so funktioniert die Spaltung der Frauen in der Arbeitswelt seit Jahrzehnten, bergauf, bergab, jeweils nach der Wirtschaftslage, mal milder, mal schärfer: Frauenarbeit, erst seit etwa hundert Jahren zugelassen, ist, weiß Gott, nichts Selbstverständliches, das sollen wir uns hinter die Ohren schreiben! Und dieses harte Markt- und Kapitalgesetz ist leider auch durch Frauenfreundschaften nicht außer Kraft zu setzen. Wir können es wohl unter Freundinnen mildern, uns schützen vor derart harten Situationen, die die eine gegen die andere ausspielen *muß*.

Wo wir allerdings die Konkurrenz ein wenig außer Kraft setzen können, ist auf dem «Liebesmarkt»: Denn wenn wir füreinander immer wichtiger werden, uns in unserer Entwicklung ermutigen und unterstützen, muß es doch eigentlich für die Männer immer schwieriger werden, mit ihren Konkurrenzregeln Frauen gegeneinander auszuspielen. «Die ist viel zugänglicher, viel einsichtiger, zufriedener, liebevoller, anpassungsbereiter als du!» Das könnte doch aufhören, als Druck zu funktionieren, wenn wir uns austauschen darüber, wie wir mit Männern leben, was wir für unser Leben wichtig finden. Natürlich kann es passieren, daß wir bei diesem Austausch große Unterschiede feststellen, aber wir erfahren vielleicht andere Gründe als durch die Brille des Mannes. Manchmal wird es sicherlich nach wie vor zu einer Distanzierung von der Frau führen, die man uns als Konkurrentin hingestellt hat, auch wenn es eine Freundin war. Auch Schönheitskonkurrenz wird, solange wir auf Schönheit Wert legen, und das ist ja eigentlich nichts Schlechtes, nie auszuschließen sein. Ich denke nur, wichtig ist, daß ich eine eigene Haltung zu meinem Aussehen entwickle, mich nicht durch die Augen des Mannes sehe. Und daß ich erkenne, wie mein Äußeres in Verbindung zu meinen anderen Eigenschaften steht, was ich damit ausdrücke. Dann nämlich bin ich eigentlich nicht konkurrenzfähig, denn ich bin weder vergleichbar noch austauschbar.

Ein Stück weg zumindest von der platten Konkurrenz, die so verletzt, daß sie einen gar nicht rankommen läßt an die Schichten, die eigentlich betroffen sind, wenn man überlegen muß, warum die Liebe mit Männern so schwer für Frauen ist.

In der Frauenwohngemeinschaft

Vier Frauen wohnen zusammen. *Hella, Christiane, Gisela und Maria.* Alle in Umbruchssituationen, nach dem Studium, nach dem Berufsanfang, vor dem Berufswechsel, alle vier um die dreißig. Wir sitzen in der Wohngemeinschaftsküche und reden über vieles – auch über Konkurrenz, über die, die Männer betrifft, in die man sich verliebt, und über die Angst vor Konkurrenz, die eigene Arbeit betreffend.

Gisela: «Bei mir ist das so, daß ich meine eigenen Empfindlichkeiten kenne, wenn bei einer meiner Freundinnen ein neuer Mann auftaucht. Bei Christiane, bei der ist momentan niemand da, im Gegensatz zu den beiden anderen: Wenn bei der ein Mann auftaucht – plötzlich dieses Gefühl: ‹Ach, jetzt bin ich also nicht mehr so wichtig!› Dagegen muß ich immer ankämpfen. Und umgekehrt, wenn da bei mir einer ist, dann weiß ich auch, bei Christiane gibt es die gleiche Empfindlichkeit. Ich bemühe mich immer, mich drauf einzustellen. Aber das löst ganz widersprüchliche Gefühle aus: Auf der einen Seite kenne ich ja die Empfindlichkeit selbst sehr gut, auf der anderen versuche ich mich strikt abzugrenzen, und setze für mich: Das will ich jetzt mit diesem Mann erleben, ich möchte mich jetzt ganz auf das Neue einstellen. Ich finde es sehr schwierig, damit umzugehen.»

Christiane: «Ja, Gisela hat mehr, wie sagst du so schön? – wechselnde Männerversuche. Wir haben neulich auch beide darüber gesprochen: Ich war eifersüchtig, ganz einfach richtig eifersüchtig. Ich merk das auch selbst und werde dann ganz wütend auf mich. Weil ich denke, ich hab gar kein Recht, eifersüchtig zu sein. Was soll das? Ich würde ja genauso handeln in derselben Situation. Aber trotzdem fühle ich mich wie ein Kind, das man in die Ecke gesetzt hat. Und dann ziehe ich mich ganz zurück. Denke, ich will nicht stören, sie auch nicht ärgern. Dadurch aber wird sie dann noch unsicherer. Denn sie merkt ja, daß ich mich immer mehr zurückziehe. Aber das Tolle war neulich, daß wir relativ schnell darüber sprechen konnten, noch während der Liebesbeziehung. Gleich, wenn das Gefühl auftaucht, kann ich es nicht, aber ein paar Tage später. Gisela hatte mich angesprochen, das fand ich sehr schön. So konnte ich auch sagen: ‹Du, ich will nichts Böses, aber ich weiß nicht, wie ich mich verhalten soll. Am liebsten würde ich mich auf den Kopf stellen. Oder bin am besten gar nicht da›. Nach dem Gespräch ging es dann besser, fand ich jedenfalls.»

Gisela: «Ja, ich hatte nämlich immer das Gefühl, daß Christiane vorsichtshalber schon gar nicht mehr da ist, damit ich nicht in die Verlegenheit komme, sie zurückzusetzen. Das hat mich vollends verunsichert: Ich dachte immer, mein Gott, bin ich denn überhaupt nicht mehr da? Und ich bemühe mich doch eigentlich immer, hier in der Wohnung präsent zu sein, möglichst nichts zu vernachlässigen, nicht tagelang einfach wegzusein und mich für nichts zu interessieren. Da hab ich dann erst mal bei Maria vorsichtig angefragt, ob ich zu wenig zu Hause bin, die meinte aber: nein. Das hat mich beruhigt, und ich hatte den Mut, es bei Christiane anzusprechen.»

Christiane: «Das Gefühl hatte ich sowieso nicht, daß du nie da wärst. Im Gegenteil: Ich finde, du bist sowieso am häuslichsten von uns allen. Du bist permanent hier, holst doch eher die Leute zu dir. Ich fände es eigentlich gut, wenn du einen Freund hast, daß du auch mal zu dem hingehst.»

«Damit ich weg bin, was?»

«Nein, du Doofe, so als Ausgleich für dich, meine ich!»

«Ich fand das damals auch sehr gut, Gisela», schaltet sich Maria ein, «bei der Sache mit Helmut, daß du da gesagt hast, nee! Will erst mal sehen, was Maria dazu sagt. Das war so ein bißchen wie Terrainabsteckung.»

Christiane: «Es ging um den berühmten *einen* Mann.»

Maria: «Na ja, das war so ein Flirt, erst mit mir, und dann flirtete er mit Gisela. Fand ich auch ganz nett, aber es hat mich etwas geärgert. Jedenfalls haben Gisela und ich dann drüber gesprochen. Und es war ganz klar, daß wir uns von dem nicht gegenseitig ausspielen lassen. Gisela hat gesagt: Ich mach nur was mit dem, wenn du damit einverstanden bist. Weil der Haussegen ihr wichtiger war als irgend so ein Flirt.»

Gisela: «Ich lege aber nicht meine Hand dafür ins Feuer, daß ich das immer tun würde!»

Maria: «Nee, nicht daß du jetzt grundsätzlich sagst: ‹Ich entsage! Ich verzichte›. Aber daß es wichtig ist, nicht auf Teufel komm raus die Männerbeziehung höher zu stellen, nicht?»
Gisela: «Bei der großen Liebe zum Beispiel wüßte ich nicht ... Ich hab da ja schon meine Erfahrungen gemacht.»
Maria: «Es ist vielleicht überhaupt wichtig, daß wir da schon unsere Erfahrungen gemacht haben und jetzt besser wissen, wie machen wir das am besten, und was ist wichtig dabei?»
Christiane: «Das ist auch eine Vertrauenssache, die ich sehr wichtig finde. Wenn ich da Angst haben müßte, ich bekomme das an Peinlichkeiten, was ich bei einer anderen Gelegenheit zugestanden habe, wieder aufs Butterbrot geschmiert, das wäre für mich schrecklich. Bei solchen Freundschaften kann ich nur weglaufen!»
Und dann kommen wir auf Arbeit, Erfolge, Spaß am Produzieren zu sprechen.
Christiane: «Ich finde es immer sehr viel einfacher, jemanden zu trösten, als jemandem, der irgendwas Tolles gemacht hat, das ich vielleicht auch ganz gerne gekonnt hätte, vorbehaltlos auf die Schulter zu klopfen. Zu sagen: ‹Mensch, toll, schön!› finde ich schwerer. Aber ich wünsche mir das von meinen Freundinnen. Ich glaube, das geht hier bei uns ganz gut. Vielleicht auch, weil wir doch sehr unterschiedlich unsere Fühler ausgestreckt haben, daß wir uns nicht in die Quere kommen.»
Hella: «Ja, eine Konkurrenzsituation empfinde ich hier auch nicht.»
Christiane: «Ich wüßte aber auch nicht, wie ich damit umgehen würde, wenn ihr dasselbe wolltet wie ich. Wenn jetzt hier eine wäre, die genauso meint, sie kann Geschichten schreiben, das wäre für mich schwierig. Mit der Schule als Lehrerin oder dem Studium, da hatte ich überhaupt keinerlei Neid oder sonstwas.»
Hella: «Aber in dem Bereich, wo man denkt, man ist kreativ, nicht? Da geht es ja auch um die eigenen Sachen. Also, da kenn ich aber deftige Konkurrenzsituationen!»
Christiane: «Ich nicht. Aber ich will deshalb auch gar nicht so gern mit Frauen zusammenwohnen, die dasselbe machen wie ich.»
Hella: «Doch, ich würde es schon versuchen, weil es andererseits

auch was Tolles ist. Ich geb ja auch zu, ich hab nicht allein solche Massen von Ideen. Wenn mich da jemand ein bißchen tritt, das wär schon nicht schlecht. Allerdings hab ich das mit einer Frau noch nicht versucht.»
Ich frage, ob sie sich Sachen zeigen, die sie produziert haben.
Gisela: «Ja, Hella zeigt mir ja alles!»
Lachen von allen.
Christiane: «Ich hab da größere Schwierigkeiten, ich steh nicht so dahinter, was ich schreibe. Allein schon eher, aber gegenüber anderen nicht. Ich tu's schon manchmal, aber lieber einzeln. Und vorsichtiger als Hella.»
Hella: «Aber paß mal auf, da wär doch eigentlich die Situation auch für dich hier sehr günstig! Ich kann das doch auch nur, weil ich weiß, bei euch besteht nicht mal im Ansatz Konkurrenz!»
Christiane: «Ja, für dich. Aber ich habe das Gefühl, übers Schreiben kann ja jeder reden. Oder meint es jedenfalls. Beim Zeichnen ist das anders.»
Hella: «Ja, das stimmt. Die Leute erstarren schnell, wenn man nur ein bißchen zeichnen kann.»
Christiane: «Allerdings, ein ermutigendes Erlebnis hatte ich schon. Als ich mit Maria in Amerika war, habe ich Tagebuch geschrieben. Da hat sie mir immer über die Schulter geguckt beim Schreiben. Ich dachte, das wäre eher aus Höflichkeit, hab sie aber direkt gefragt, ob sie mal was hören will. Es müßte aber nicht sein, sie könnte sofort stopp sagen, wenn es ihr zuviel würde. Dann habe ich ihr eine Episode vorgelesen, und die fand sie ganz gut, nicht?»
«Ja!» betont Maria. «Das ist ganz anders, als ich Tagebuch schreibe, gar nicht zu vergleichen.»

Das scheint meistens leichter erträglich zu sein: Wenn zwischen Frauen Unterschiede klar erkennbar sind, ist Konkurrenz auch im Arbeitsbereich auszuhalten.
Es gibt aber auch so etwas wie «Erfahrungskonkurrenz». Beide wollen zusammen etwas erleben, in einem Bereich, in dem die eine der anderen schon etwas voraus hat.

Einmal und nie wieder

von
Ingeborg Haberkorn

Vom Opernplatz in Frankfurt zur Hauptwache zurück mußten wir laufen, um dort die U-Bahn zu erreichen, die wir brauchten. An der richtigen Haltestelle hatten wir das Aussteigen verpaßt, so sehr waren wir in Anspruch genommen durch die Argumente für und wider die gemeinsame Reise.

Nein, hatte Doris gesagt, dann ja, dann wieder nein. Vorhin in der Straßenbahn hatte sie mit lauter vernünftigen Gründen endgültig erklärt, warum sie unmöglich drei Wochen mit mir wegfahren könne, mochte ich auch dagegenhalten, was immer ich wollte.

Eine Haltestelle zurücklaufen! Auch das noch! Mit unserer Verspätung um die Wette rannten wir fast, ich begriff nicht, warum Doris sich unvermittelt nicht mehr von der Stelle rührte und die Hand von sich streckte, feierlich und bedeutsam. Ihr Ellbogen straffte sich, als ich einen Schritt auf sie zutrat, die Hand war offenbar mir zugedacht, ich schlug ein, ließ mich schütteln, schaute Doris in die entschlossen blitzenden Augen und hoffte auf eine Erklärung. «Ich fahre mit dir. Versprochen und Ehrenwort!» Ich brach in lautes Lachen aus, wir umarmten und küßten uns, lachten gemeinsam immer von neuem aus vollem Hals, bis wir merkten, daß die Passanten einen Bogen um uns machen mußten.

Die Sonne brannte heißt, obwohl es schon sechs Uhr war. Eine kleine Weile schwebte der Staub, den jeder Schritt aufstöberte, hinter uns über dem Weg durch den Pinienwald. Vollends eingestaubt wurden wir von dem Auto, das nicht angehalten hatte, als wir winkten, die Augen mußten wir schließen für eine Weile, die Nasenlöcher mit den Fingern zudrücken, selbstverständlich auch den Mund halten. Als mein grimmiges Lächeln erkennbar wurde, weil die Staubwolke uns wieder freigab, versuchte Doris mich zu beschwichtigen: «Wenn wir erst auf der Asphaltstraße sind, kommen wir sicher schnell weg.» Entrüstet hatte sie es abgelehnt, den Linienbus zu benutzen, was ich ohne nachzudenken vorgeschlagen hatte. Nein. Trampen. Wenigstens dieses kleine Stück von fünfundzwanzig Kilometern. Lächerlich, dafür in einen Bus zu steigen. Mein Gott! Obwohl die Vorstellung mich wenig begeisterte, schickte ich mich drein, um Doris den Spaß nicht zu verderben.

Schon daß wir mit dem Flugzeug auf die Insel gekommen waren, ging ihr empfindlich gegen die Ehre. Wenn ich es ablehnte, per Anhalter zu fahren, so sollten wir zumindest mit Bahn und Schiff nach Ibiza reisen, wozu ich mich schließlich bereit erklärte. Der Preis- und Zeitvergleich ließ diesen Entschluß dann allerdings unvernünftig erscheinen. Der Flug hin und zurück kostete knappe fünfzig Mark mehr als die zweitägige Fahrt mit dem Zug ohne Liegewagen, dem Schiff ohne Kabine.

Kaum hatten wir die Asphaltstraße erreicht, hielt ein kleiner Seat an, ich stieg hinten ein, Doris vorn. Triumphierend nickte sie mir zu: «Klappt doch prima, was?» Der Fahrer schien selbst im Sitzen riesengroß, auf den Handrücken hatte er rotblonde Löckchen, die Arme aufwärts wurden sie immer dichter. Den weiteren Verlauf des Haarwuchses verbarg ein kurzärmeliges gelbes Hemd. Meine Vermutung, daß Sommersprossen das Gesicht sprenkeln müßten, bestätigte ein Blick nach vorn in den Rückspiegel. Engländer war der Mann, verbrachte seinen Urlaub in Es Cana mit Vollpension in einem Hotel, wollte wissen, ob das Essen bei uns auch gut sei. «Ja, sehr gut. Wir kochen es selbst.»

In Santa Eulalia, nach etwa zwölf Kilometern, mußte der Engländer von unserer Strecke abbiegen. «Besonders weit sind wir ja nicht gekommen», sagte ich. «Immerhin», antwortete Doris und hob die Nase unternehmungslustig in die Luft.

«Könnten wir hier nicht zur Stärkung einen Kaffee trinken?» Ich zeigte nach links auf die vielen Tischchen und Stühle im Schatten unter Bäumen die ganze Rambla bis zum Meer hinunter. «Na gut», willigte Doris ein, wenn auch nur zögernd. Am liebsten wäre ich überhaupt da sitzen geblieben mit der Benommenheit von Schläfe zu Schläfe, welche die eingenommenen Pillen an Stelle der Kopfschmerzen zurückgelassen hatten. Das Ziehen in Bauch und Beinen, ebenfalls von der Monatsregel verursacht, verstärkte diesen

Wunsch, den einzugestehen ich mich schämte. Außerdem blieb uns tatsächlich nur noch der eine Tag für unseren Trip in die Stadt. Sonntags wären die Geschäfte zu, kein alltägliches Leben also, und am Montag flogen wir ab.
Die Sonne brannte immer noch heiß, jedenfalls kam es mir so vor, ich schwitzte trotz der dünnen Sachen, die ich trug, während ich am Rand der Fahrstraße hinter Doris herging und ein Auto nach dem anderen an uns vorüberzischte. Die ausgestreckten Daumen und das freundlich aufgesetzte Lächeln blieben wirkungslos.
Ich schämte mich jetzt nicht nur wegen des heimlichen Wunsches, einfach im Schatten auf einem Stuhl zu sitzen, nicht nur wegen dieser vergeblichen Winkerei, sondern in zunehmendem Maße auch wegen der Kleider, die wir anhatten. Über die verrückten Leute von Ibiza hatten wir soviel gelesen und gehört, daß wir Klamotten herausgesucht hatten, mit denen wir ins Milieu passen könnten. Doris trug ein schwarzes, gelbgepunktetes Miniminikleid, vorn mit tiefem Ausschnitt und hinten mit nichts am Rücken außer dem Befestigungsstreifen am Hals. Ich hatte Not, daß mir die Spaghettiträger des weißen Hemdchens nicht die eine oder andere Schulter hinunterrutschten; untenherum bauschte sich die spitzengezipfelte Batistunterhose aus Omas Zeiten, die ich vor Jahren aus einem Altkleiderhaufen auf dem Markt in Siena herausgewühlt hatte. «Die müssen uns für Gott weiß was halten, sonst würde uns doch mal jemand mitnehmen», sagte ich. «Zum Trampen muß man sich eigentlich ganz anders anziehen», bestätigte Doris. «Ich hatte immer extra weite Hemden an und locker sitzende Hosen, damit niemand auf dumme Gedanken kam.» – «Und warum müssen wir dann ausgerechnet in einem solchen Aufzug trampen, wenn du's doch anders weißt?» fragte ich gereizt ihren nackten Rücken. «Als Trampen kann man dieses winzige Stückchen nun wirklich nicht bezeichnen, weißt du. Damals, die dreieinhalb Monate unterwegs, da kam ich in vier Wochen durch ganz Europa, die Türkei, den Iran, Afghanistan, Pakistan, bis nach Indien. Und das war nicht die einzige Trampreise, die ich gemacht habe, wenn auch die weiteste. Die paar Kilometer hier sind wirklich ein Klacks.» Doris drehte das halb nach hinten gewandte Gesicht wieder energisch nach vorn. «Dann hätten

wir ja den Bus nehmen und auf dieses ganze Abenteuer verzichten können, wenn's nicht mal eins ist», quengelte ich weiter.
«Wir laufen jetzt vielleicht zehn, höchstens zwanzig Minuten. Stunden hat das manchmal gedauert, besonders in Spanien. Die Spanier nehmen Anhalter nur selten mit.» Freundlich tröstend sagte sie das, während das Auto, dem wir gewinkt hatten, an uns vorbeizischte.
«Du hast doch hoffentlich vorher schon gewußt, daß Ibiza zu Spanien gehört und daß es vor allem Spanier sind, die hier in den Autos sitzen», bemerkte ich spitz, da ich die vorbeirauschenden Autos schlecht mit Steinen bewerfen konnte, wonach mir zumute war. Wie konnte ich mich nur in dieses Abenteuer locken lassen. Schönes Abenteuer so was!
Scharf bremste fünf Meter vor uns ein Wagen. «Na also», lachte Doris und lief auf das Auto zu. Als ich nachgekommen war und begeistert einsteigen wollte, hielt sie mich zurück und fragte ernst: «Wollen wir wirklich mitfahren? Es sind drei!» Ich sah sie an, verstand nichts. Das war es doch, worauf wir die ganze Zeit vergeblich gewartet hatten, ein Auto, das uns mitnahm! «Der Platz reicht doch!» – «Na ja, drei Männer. Und besonders vertrauenerweckend sehen die auch nicht gerade aus», meinte sie kleinlaut, als hätte sie es zu verantworten, daß kein passenderes Gefährt für uns bereitstand. Das Auto, rostig und verbeult, war auch innen in einem verwahrlosten Zustand, das sah ich jetzt auf den zweiten Blick, die Insassen machten einen noch schlimmeren Eindruck. «Wollen wir nun oder wollen wir nicht?» – «Warum fragst du das eigentlich mich? Du hast doch die Tramperfahrung, nicht ich!» Einerseits wollte ich auf keinen Fall weiterhin verschmäht die Straße entlanglaufen, andererseits wollte ich auf keinen Fall mit diesen Typen in dieser Rostbeule fahren, und außerdem wollte ich auf keinen Fall immer diejenige sein, die beim Abenteuern hinderlich ist. «Also komm, wir steigen ein», entschied Doris.
Triumphierend ließ der Fahrer den Motor aufheulen, als er losfuhr. Es stank. Es stank nach Alkohol, Schweiß, Benzin, Pomade oder billiger Seife, jedenfalls hätte ich mir am liebsten die Nase zugehalten, ich versuchte, vorsichtig zu atmen. Doris und ich drückten uns auf dem Rücksitz aneinander, der Mann neben uns verhielt sich

ruhig, schaute geradeaus. Nur den Daumen der linken Hand hatte der Fahrer ins Steuerrad eingehängt. So lenkte er den Wagen, ließ ihn schlingern, im Zickzack oder in weiten Bögen von einer Straßenseite zur anderen, jedesmal, wenn er den Kopf über den auf der Sitzlehne abgelegten Arm hinweg nach hinten drehte. Er führte das große Wort zur Seite und nach rückwärts, zeigte beim Reden und Lachen zwei Reihen durchgängig schwarzer Zähne, nur einmal unterbrochen von einer noch schwärzeren Zahnlücke. Von dem, was er sagte, verstand ich kaum etwas, verschliffen klang es, abgelenkt wurde ich immerzu durch das Umherschlingern des Autos, die beiden Mitfahrer lachten Beifall, ich sah Doris an. «Der ist verrückt oder besoffen», sagte sie. Die eindeutige Zweideutigkeit des Geredes, welche Gesichtsausdruck, Tonfall und Lachen der drei Männer färbte, bestätigte sich mir endgültig, als ich das Wort ‹Cola› identifizieren konnte. «Verlangen Sie nie Cola, immer Coca-Cola, wenn Sie in Spanien sind», hatte der Lehrer im Spanischkurs scherzhaft gewarnt, «cola heißt nämlich Schwanz.» Jetzt verstand ich: «... keine Angst ... ganz kleiner Schwanz ... so klein ...» Der Fahrer ließ sogar das Steuer ganz los, um mit den Händen zu zeigen, wie klein, deutete auf den Mann auf dem Rücksitz neben uns, der grinste lautlos herüber, der Fahrer lachte heiser verraucht, ließ wieder die schwarzen Stummel seiner Zähne sehen, auch der Beifahrer feixte nach hinten. Ich fühlte mich in einen Fernsehfilm versetzt, der in der Bronx in New York gedreht war. Unverständnis, Abwehr und Ekel empfand ich auch hier für die drei Männer in diesem stinkenden Auto.

Als der Fahrer seinen Arm von der Lehne fallen ließ und Doris mit der Hand am Knie erwischte, schlug sie ihm mit der Tasche gegen den Arm und schrie auf deutsch: «Halt sofort an! Wir steigen aus!» Der Mann legte die Hand zurück ans Steuerrad, lenkte den Wagen an den Straßenrand und bremste wirklich. Als wir ausstiegen, berührten uns noch irgendwelche Hände irgendwo, wir hauten um uns, irgendwohin, und atmeten endlich wieder die frische Luft am Straßenrand, wo die Sonne noch immer ziemlich heiß brannte.

Jetzt brach das Lachen aus, das mich schon im Auto gekitzelt hatte, als Doris auf die Männer ihre Befehle abschoß, welche diese genau und sofort befolgten, obwohl sie sie gar nicht verstehen konnten. Diese Schlußszene aus dem Auto wiederholte sich ohne Unterlaß in meinem Kopf, zwang mich jedesmal stärker zum Lachen, ausgelassener. Doris sah mich verständnislos an, irgendwann wird sie in den Worten, die es mir gelang, zwischen den Lachanfällen auszustoßen, einen Zusammenhang entdeckt haben; jedenfalls blieb sie geduldig wartend neben mir stehen, bis ich mich beruhigt hatte und weiterlaufen konnte.

Also liefen wir weiter am Rande der Straße, ich diesmal vorn. «In meiner Jugend bin ich auch schon mal getrampt, ein einziges Mal, und dann nie wieder», erzählte ich mit halb zurückgedrehtem Kopf; so konnte mir beim Reden kein anfahrendes Auto entgehen. «Eigentlich wollten wir eine Woche durch den Harz wandern, meine Freundin und ich, mit vollem Rucksack von Herberge zu Herberge. Kaum waren wir im Wald, fing es in Strömen zu regnen an. Durchnäßt bis auf die Haut, versuchten wir mitgenommen zu werden, aber kein Auto hielt. So ging es Tag für Tag. Blasen hatte ich an den Füßen, die Beine meiner Freundin waren viel länger als meine, damit lief sie immer zehn Meter vor mir her, das erschöpfte mich zusätzlich. Danach wollte ich nie mehr mit einem Rucksack irgendwohin wandern oder trampen, ich erinnere mich an keinen Ort, keine Stadt, keinen Menschen, nichts blieb hängen außer den Eindrükken, die ich eben geschildert habe, nichts.» – «Du weißt nicht, was Trampen ist, Ingeborg. Durchs Erzählen läßt sich das nicht vermitteln, das verstehst du erst, wenn du es selbst erfahren hast.»

Über das Reden hatten wir das Winken nicht vergessen, tatsächlich hielt jetzt ein Wagen, mißtrauisch musterten wir den Fahrer, das Ergebnis war zufriedenstellend, wir bestätigten es einander mit einem Blick und stiegen ein. Doris hinten, ich vorn.

Das Spanisch, das dieser Mann sprach, verstand ich. Er fahre das Glasbodenboot in Es Cana, er lade uns zu einer Fahrt ein, mit seiner Familie wohne er in San Antonio, vier Kinder habe er, aber jetzt wollten seine Frau und er keines mehr, sie nähme deshalb die Pille, ob wir auch die Pille nähmen. «Nein», sagte ich verblüfft. Wie wir es denn machten, damit keine Babies kämen, wollte er ernsthaft wissen, ich verweigerte die Auskunft. Wahrscheinlich hinderte mich

das Bewußtsein meiner fehlerhaften Ausdrucksweise in der fremden Sprache zusätzlich, über so intime Dinge zu reden. Der Mann entschuldigte sich, es interessiere ihn nur, wie andere Leute dieses Problem lösten, allein deshalb habe er gefragt. In San Raphael setzte er uns fürsorglich an einer Bushaltestelle ab, da kämen wir auf jeden Fall nach Ibiza, mit einem Auto oder dem Linienbus.
Auf der gegenüberliegenden Straßenseite stand ein junger Mann, der aussah, wie Doris den echten Tramper beschrieben hatte: abgewetzte Jeans, loses Hemd, und hinten drauf einen großen Rucksack. Er winkte herüber, rief: «Ich nehme jetzt einfach den nächsten Bus! Hier kommt man unheimlich schlecht weg!» Also sind doch nicht die Klamotten schuld, dachte ich. «Wir geben auch gerade auf», rief Doris zurück, da verdeckte schon der Bus auf der anderen Seite den Tramper, und dann war die Stelle leer.
«Ich glaube, ich bin vollkommen durchgeweicht», bemerkte ich erschrocken. «Ich schwitze auch. Dabei ist es jetzt kurz vor acht.» «Nein, ich meine den Tampon!» – «O je!» Doris stellte sich vor mich, obwohl niemand auf der Straße zu sehen war. Ich zerrte an der spitzengezipfelten Omaunterhose und stellte fest, daß der weiße Batist einen großen, dunkelroten Flecken hatte. «Weiß wie Schnee und rot wie Blut! Schwarz wie Ebenholz wird es mir gleich vor den Augen, wenn ich nicht sofort eine Toilette finde.» Drei Häuser weiter entdeckte ich ein Lädchen, ich ging mit Trippelschritten hin, die junge Frau beschrieb mir den Weg in den Innenhof. Doris wollte notfalls den Bus anhalten, während ich versuchte, im Klo das Blut so aus der Hose zu waschen, daß der bräunliche Fleck, der zurückblieb, sich nicht allzu groß in die weiße Umgebung hinein ausdehnte. Seife wäre nützlich gewesen, mit Papiertaschentüchern tupfte ich soviel Nässe wie möglich aus dem Stoff.
«Man sieht überhaupt nichts mehr», versicherte Doris, die mich beim Näherkommen aufmerksam geprüft hatte. «Das war auf Tramptour oft ein Riesenproblem, Binden oder Tampons zu bekommen. Man mußte sich mit allem möglichen behelfen, du kannst dir das nicht vorstellen.» – «O doch, ich kann! Und es beruhigt mich ungemein, daß ich einen reichlichen Vorrat an Tampons in der Tasche trage. Ich jedenfalls werde nicht in solche Verlegenheiten kom-

men, denn ich trampe nie mehr in meinem ganzen Leben, das schwöre ich! Über zwei Stunden sind wir jetzt unterwegs, um lächerliche 25 Kilometer zu überbrücken. Für den Rückweg in der Nacht nehme ich ein Taxi, und ich lade dich herzlich ein mitzufahren. Da sind wir in einer halben Stunde zurück.» Doris lachte. «Wir teilen uns die Taxikosten. Schließlich hast du ja auch das Trampabenteuer mit mir geteilt.» Da wurde ich friedlich, und ihre Hand auf meiner Schulter tat mir wohl.

Wieder saßen drei Leute in dem Auto, das unsertwegen hielt; am Steuer ein typisch spanisch aussehender Mann mit schwarzen Lokken, hinten ein junges Paar, das noch enger zusammenrückte, um mir Platz zu machen. Als ich Doris neben dem schönen Fahrer sitzen sah, beneidete ich sie fast, versuchte ihm in Spanisch zu sagen, wie froh wir seien. Überraschend antwortete er in deutsch, daß er oft getrampt sei, bevor er das Auto hatte, und daß er daher gut wisse, wie schwer es sei, mitgenommen zu werden von den Leuten hier. Seine Aussprache und kleine Fehler in der Grammatik verrieten, daß er kein Deutscher war, neugierig fragte ich nach. Er sei Franzose aus Paris, für drei Wochen auf die Insel gekommen, um Urlaub zu machen, und drei Jahre geblieben. Alle zwei bis drei Monate fliege er nach Paris, er arbeite für einen Verlag, überwiegend Übersetzungen, schreibe aber auch eigene Texte: Rezensionen, Geschichten. «Da sind wir Kollegen», freute sich Doris, «ich mache Bücher, schreibe und zeichne. Und Ingeborg schreibt auch.» – «Ganz ungestört wohnen wir in einem Haus in Figueral, da kann man gut arbeiten», erzählte ich weiter. «Um halb neun erwartet mich meine Freundin, ich habe überhaupt keine Zeit mehr», gab der schöne Franzose darauf zur Antwort, hielt den Wagen an im Zentrum der Stadt, es blieb kaum Zeit, uns zu bedanken, so eilig fuhr er davon.

Erst nach einer verständnislosen Weile sagte ich: «Der Arme hat vielleicht Angst gekriegt, wir wollten ihn in unser abgelegenes Häuschen locken, damit wir ihn ungestört auffressen können, was meinst du?» Ich war guter Laune jetzt, denn schließlich waren wir in Ibiza angekommen, was machte es da schon, daß die gewöhnlichen Läden längst geschlossen hatten. «Vielleicht wird der Junge oft von lebenshungrigen Touristinnen angefallen, weil er so schön ist. Rechtzeitig entzieht er sich der Gefahr», mutmaßte Doris. «An deiner Ausstrahlung muß das liegen», sagte ich. «Du flößt selbst den Unterwelttypen so viel Furcht ein, daß sie dir aufs Wort gehorchen!» Doris ließ die langen blonden Haare flattern, wippte mit dem Miniminiröckchen und lächelte keß. «Haben wir das nicht ganz toll hingekriegt?» Ich streckte die Hand aus: «Herzlichen Glückwunsch!» Sie schlug ein, während sie in lautes Lachen ausbrach, wir umarmten und küßten uns, lachten gemeinsam immer von neuem aus vollem Hals, bis wir merkten, daß die Passanten einen Bogen um uns machen mußten.

Sechstes Kapitel

Getrennte Wege

Wer führt das bessere, das richtigere Leben? Wer ist die Konsequentere? Vergleiche – Kontrolle – Distanzlosigkeit. Wenn schon im kleinen, in den Augenblicks-Schritten, Frauen mit Argusaugen über einander wachen, wie bös ist manchmal der Blick, wenn nach Jahren Bilanz gezogen wird! Für viele ist es nicht auszuhalten, daß die Freundin ins Lager der anderen überwechselt: beruflich, privat, politisch. Es geht eine Bedrohung, ein Infragestellen der eigenen Person davon aus, wenn die andere heiratet, Mutter wird, Karriere macht – oder aussteigt. Vorausgesetzt natürlich immer, wir befinden uns gerade auf dem anderen Gleis. An uns selbst können wir gleichzeitig feststellen, daß wir unseren augenblicklich eingeschlagenen Weg gern im Brustton der Überzeugung als den objektiv und einzig richtigen ausgeben: «Irgendwann will man mal eine feste Stellung haben!» – «Irgendwann reicht jeder Frau der eine Mann nicht mehr aus.» – «Es ist doch klar, daß man irgendwann die Kinderfrage rein biologisch klären muß.» Da wird dann plötzlich nicht mehr debattiert, hin und her gewälzt, probehalber gemeinsam phantasiert: Da sind Nägel mit Köpfen gemacht worden, man ahnt, der Freundin wird das vielleicht nicht gefallen, sie könnte sich alleingelassen fühlen.

Deshalb wird der Entwicklungsschritt schnell abgesichert, als einer, der schon lange fällig war. Damit kann man der Freundin das berechtigte Erstaunen und Wissen-Wollen «Warum?» schon von der Zunge nehmen, ehe es ausgesprochen worden ist.

Und außerdem ist man sich selbst ja auch nicht ganz sicher. Das richtige Leben – gibt es so etwas überhaupt? Das richtige Leben für alle Frauen in der falschen Gesellschaft für sie? Klar, bei allem, was ich vorher formuliert und laut gedacht habe, daß ich sagen will: Nein! Nie. Zum Glück nicht! Früher wollte ich das richtige Leben finden. Aber heute – wo kämen wir denn dann hin? Lauter kleine oder auch große Einheitsfrauchen, kalkulierbar, durchschaubar, entsetzlich langweilig – auch füreinander!

Die geballte Verletzung, aber auch das Sich-am-leichtesten-überlegen-Fühlen kommt dadurch zustande, daß wir wohl die Vielfalt noch nicht so ganz ertragen können. Wobei es natürlich unvereinbare Entwicklungen unter ehemals ähnlichen Frauen gibt.

Aber die übertriebene Vergleichsnähe, eine für mich schwer ertragbare Distanzlosigkeit unter Frauen, ist es, die ein Unterschiedlichsein gleich zum Verrat machen kann. Dabei ist «Verschiedenheit keine Ungleichheit im Sinne von besser oder schlechter, oben und unten. Verschiedenheit ist Vielfalt.» So formuliert es eine Autorin in dem sehr empfehlenswerten Buch «Schwesternstreit» *.

Ich glaube, beim Wettlauf um das bessere Lebensmodell gehen die Einzelelemente von Neid, Konkurrenz, Spiegelung und Symbiose, die weiter vorn beschrieben wurden, eine unglückselige Allianz miteinander ein: So wird dann insgesamt der große Bruch fällig. Weil die einzelnen Veränderungen und Verletzungen nicht ausgesprochen und bewältigt werden konnten (vielleicht aus Angst vor Verlust), muß sich jetzt grundsätzlich verabschiedet werden und der Stempel «abtrünnig» her.

Wahrscheinlich ist eine größere Distanz zwischen vielen Frauen notwendig, um sich gegenseitig weiter erkennen zu können, das heißt, auch erkennen, warum etwas für die eine in einer bestimmten Situation gut und wichtig sein kann und für die andere nicht. Denn die klebrige Nähe ist es ja eigentlich, die den Vergleichszwang und Konkurrenzdruck schafft, der die Forderung nach dem «richtigen Leben» jedesmal «ein für allemal» beantworten will.

* Birgit Cramon-Daiber, in: Schwesternstreit (rororo «Frauen aktuell» Nr. 5120)

Die fremde Frau

von
Gabriele Kreis

Sie kommt mir entgegen. Auf immer noch zu dünnen Beinen stakst sie den Gartenweg herunter. Mit den Armen macht sie rudernde Bewegungen.
Ob sie damit ihrer Freude, mich wiederzusehen, Ausdruck geben will oder nur das Gleichgewicht halten, weiß ich nicht. Es interessiert mich auch nicht. Ihr Anblick reicht mir: das Kleid zu kurz für die lange Gestalt; eines dieser praktischen Kofferkleider, kleingeblümt und in der Taille ein Schleifchen, sinnlos wie die Dekoration auf einer Pralinés-Schachtel.
Ich sehe sie an, die fremde Frau. Noch könnte ich gehen. Aber ich bleibe.

Warum? – Keine Ahnung. Ich weiß ja noch nicht einmal, warum ich hingegangen bin. Einer dieser blöden Zufälle wahrscheinlich: Du mußt mal raus aus der Stadt, Luft schnappen, keinen Urlaub gehabt dieses Jahr, und dann fährt das Auto los, und ehe du dich's versiehst, bist du da. Du denkst, das kenn ich doch, die kleine Stadt, lange her, und wohnte hier nicht ... Und dann ist da schon das Gartentor, war gar nicht schwer zu finden, ‹cave canem› auf einem Schild und daneben ein Codewort für die Wach- und Schließgesellschaft, nirgendwo ein Name; das muß es sein. Du klingelst. Die Tür geht auf. Sie kommt dir entgegen.
Eine Geschichte beginnt.
Sie heißt: Die fremde Frau.

Die fremde Frau schreit und schreit, während sie sich mir nähert, wahrscheinlich schreit sie Worte der Begrüßung. Ich glaube, mich an die Stimme zu erinnern. Eine Stimme ohne Melodie, laut, doch ohne Klang, eher Lärm als Ton.
Sie singen zu hören muß eine Qual sein.
Wie gut, daß sie nur schreit.

Nein, unterbrich mich jetzt nicht. Ich weiß schon, was du sagen willst. Aber du irrst dich. Ich kenne diese Frau nicht. Du zweifelst ...? Na, wenn schon! Wahrheiten gibt es sowieso nicht, nur Bilder.

Zwei kleine Mädchen, nebeneinander im Kinderchor. Kraus, ganz kraus das Haar der einen, viel zu kraus für jede Frisur. Um so glatter das der anderen, tipptopp frisiert. Die Krause rund und laut und mit dem Mund vorneweg, die Glatte schmal und still und in Gedanken hinterher; das sind die Unzertrennlichen. Den gemeinsamen Namen haben sie sich schwesterlich geteilt: Marie und Anne.

Sie singen gerade. Anne immer geradeaus, Marie auch mal mit Kringeln; sie singen ‹Hoch auf dem gelben Wagen›, und zwar zum fünftenmal die dritte Strophe, die, in der der Schwager aus- und der Schnitter einsteigt; sie singen der Lösung eines beliebten Unterrichtsrätsels entgegen: Was will uns der Dichter mit diesen Zeilen sagen?

Nach jedem Durchgang läßt Musik-Meier die langen Dirigentenarme mit tragischer Allüre sinken, flötet mit gespitzten Lippen ein erwartungsvolles ‹nun› über die Kinder, hört nichts und stürzt sich in die nächste Runde.

Strafe muß sein; wer nicht raten will, muß singen; und wo man singt, da laß dich ruhig nieder. Meier fühlt sich in jeder Beziehung im Recht, er ist der Lehrer und läßt nicht locker; zu schön ist seines Rätsels Lösung: Kollege Küster ist heute nacht gestorben. Plötzlich und unerwartet hatte der Schnitter vor seiner Tür gestanden.

Schnitt und Tod, und schon gibt die ganze Singerei einen Sinn. Meier strafft seinen mageren Körper, er findet sich raffiniert, der geborene Pädagoge. Schön wäre es, wenn nachher das eine oder andere Kind weinte ...

Ergriffenheit malt sich in seinen Zügen. Die weißen Haare mit Gelbstich, sonst feucht zurückgekämmt, sind ihm in die Stirn gefallen. Er läßt sie liegen. Warum sollen die Kinder nicht sehen, daß er auch nur ein Mensch ist!

Die Kinder sehen es nicht, statt dessen sehen sie gelbe Haare, gelbe Zähne, gelbe Nikotinfinger, den ganzen Mann gelb wie ein Postauto. Gelbsucht, murmelt es in den hinteren Reihen, er hat Gelb-

sucht und will es nicht sagen. Marie kichert: Meier, die gelbe Gefahr. Sie kichert so laut, daß Anne ängstliche Augen bekommt: Psst! Zu spät: Meier ist auf dem Weg. Marie springt auf, Meier schmeißt mit Kreide, Marie fängt und schmeißt zurück, die Klasse johlt. Als Meier ‹hinaus!› donnert, ist Marie bereits im Treppenhaus. Ihr nach: Anne, immer noch mit ängstlichen Augen.
Du?
Ich kann doch sowieso nicht singen.
Stimmt!

Stefanie, sagt die fremde Frau und zeigt dabei auf das Kind, das ihre Tochter ist, Stefanie hat eine wunderschöne Stimme, nicht wahr, Stefanie. Sie ist jetzt sieben und schon im zweiten Jahr auf dem Konservatorium. Ein so musikalisches Kind. Oh, sage ich. Von wem hat sie denn das? Von dem da? und zeige auf das Vaterbild an der Wand: Heinz, dicker Körper, dünne Stimme.
Die fremde Frau überhört meine Zwischenfrage und spricht weiter, zu laut, wie ein Mensch, der, einen Kopfhörer auf dem Kopf, den akustischen Kontakt zur Welt verloren hat:
Malen kann sie auch. Heinz und ich sagen immer: Wem Gott diese Talente gegeben hat ...
Sie sieht mich bedeutungsvoll an. Ich verstehe nicht, wieso, und ich verstehe auch nicht, was sie meint, ich verstehe überhaupt nichts.
Mit welchem Recht ist diese Person so zutraulich? Glaubt sie etwa, daß mich ihre Stefanie interessiert? Ich habe Besseres zu tun, als mich über anderer Leute Talente zu freuen. Ich habe genug eigene Talente.

Kind, sei nicht so hart! / Ich bin nicht hart, ich bin nur konsequent. Du kannst doch nicht im Ernst von mir erwarten, daß ich zu dieser Verlobung gehe. / Aber sie ist deine Freundin. / Sie war es. Und das ist lange her. / Nur weil sie diesen Heinz heiratet? / Allerdings! Heinz ist nicht irgendwer. Heinz ist ein Schwein, ein fettes, reiches, rechtes Schwein, und wenn er nicht so viel Geld hätte, hätte sie ihn nie genommen. Ich schwör's dir. / Marie! / Tu doch nicht so! Du hast es doch selbst zu Tante Ilse gesagt. / Na schön. Er ist nicht ganz mein Fall, das gebe ich zu. Aber ist das ein Grund, sich so aufzuführen? / Für mich schon. Der Mann ist mein Feind. / Weil er deine Freundin heiratet ... / Wer so einen heiratet, ist nicht meine Freundin. Merk dir das. Scheiße im Kopf und Klunker um den Hals, nein danke, ohne mich! Willst du etwa, daß ich ihr in die Verlobungstorte kotze? / Marie! / Außerdem habe ich keine Zeit. Ich will nächste Woche mit Volker nach Paris. / Marie! / Was dagegen? / (Pause) Und was soll ich Anne sagen? / Mir doch egal, irgendwas, zum Beispiel die Wahrheit. / Marie! / Keine Angst, so lange sie ihr Geschenk bekommt, wird sich ihre Trauer in Grenzen halten.

Schau, Stefanie, von meiner Freundin zur Verlobung.
Die fremde Frau nimmt einen Leuchter von der Frisierkommode.
Messing und Schleiflack, beides Gelsenkirchener Barock.
Nicht schlecht kombiniert.
Ich sehe mich um.
Ich sehe die Einrichtung, die vor fünfzehn Jahren zwölftausend Mark gekostet hat. Die Mitgift der Frau: das Elternschlafzimmer.
In solchen Betten wird vergewaltigt, in solchen Betten werden Kinder wie Stefanie gezeugt, in solchen Betten enden Frauen wie Anne – ganz undramatisch und nicht ohne zuvor die Tagesdecke aus Brokat abgenommen und sorgfältig zusammengefaltet auf den Chippendale-Hocker gelegt zu haben.
Anne!
Seit sie fort ist, habe ich meinen Namen wieder für mich allein.
Anne.
Ob es sie noch gibt? Ihre Tochter sieht ihr jedenfalls nicht ähnlich.
Stefanie, frage ich, hast du eine Freundin?
Ja, antwortet ihre Mutter, und ist es nicht komisch, ihre Freundin heißt auch Stefanie, nicht wahr, Stefanie.
Sehr komisch.
Ich verziehe keine Miene. An Zufälle zu glauben habe ich mir längst abgewöhnt. Ich kann mir denken, was sie jetzt denkt. Es gelingt mir, sie mit einem Blick zum Schweigen zu bringen. Das konnte ich schon früher gut.

Ich schreibe meine Geschichten lieber allein.
Stefanie, sage ich, ich hatte auch einmal eine Freundin, die so hieß wie ich: Marianne. Marie die eine, Anne die andere. Wir haben uns den Namen einfach geteilt. – Und wie macht ihr das?
Schrill lacht die fremde Frau dazwischen: Steffi und Fanni!
Daß ich nicht selbst darauf gekommen bin ...!
Stefanie blickt ungläubig von ihrer Mutter zu mir. Sie kann nicht fassen, was sie sieht. Ich auch nicht.

Zwei kleine Mädchen, nebeneinander auf der Bank am See; die eine – ein halber Junge! – im Trainingsanzug, die andere – ganz kleine Dame! – in Röckchen, Blüschen und Schühchen; Marie und Anne, die Unzertrennlichen, zehn und elf Jahre alt. Vor vier Wochen haben sie das Gespräch entdeckt. Seitdem sprechen sie über das Leben.
Das Leben, das ist ihr Tag von acht bis acht, randvoll mit Abenteuer und Unglück. Was sie nicht wissen, erfinden sie. Marie gibt den Ton an. Anne hält ihn aus.
Beide haben in der letzten Zeit viel durchgemacht, Anne sollte sitzenbleiben, und Marie haben sie beim Klauen erwischt, und gerade als sie denken, nun ist es vorbei und schlimmer kann es nicht kommen, kommt das Schlimmste: Anne entfliegen die Zebrafinken, und Maries Vater verläßt die Familie.
Alles an einem Tag.
Heute.
Gut, daß es die Bank am See gibt.
Anne weint. Marie nicht. Stumm bohrt sie mit der Spitze ihres Stiefels im Sand: Weg ist weg. Weinen verboten. Du bist doch schon ein großes Mädchen, Marie. – Scheiße! –
Sie wühlt in ihrer Hosentasche: Hier, ich hab noch zwei Salinos und schiebt eines davon der schluchzenden Freundin in den Mund. Die lächelt dankbar.
Weißt du, fährt Marie fort, weißt du, vielleicht kommen Tipsi und Topsi ja zurück ... irgendwann mal auf Besuch ... wie mein Vater.
Jetzt füllen sich ihre Augen doch noch mit Tränen. Sie dreht den Kopf weg und spricht mit erstickter Stimme weiter: Dann fährt er

mit mir nach Italien, hat er versprochen. Anne ist baff: Mensch, hast du ein Glück!

Ob das der Tag war, an dem ich den Glauben an die Kraft des Gespräches verlor ...?
Mein Freund, du fragst zuviel und hörst zuwenig. Paß lieber besser auf.

Meine Mami heißt Muschi.
Langsam taut Stefanie auf.
Kein schönes Kind, dieses Kind. Schüchtern und farblos. Seine Nähe beginnt mir unangenehm zu werden. Hoffentlich faßt es mich nicht an. Ich bereue bereits, es angesprochen zu haben. Eine dumme Verlegenheitsgeste, überflüssig wie alle Begrüßungsrituale: Lange nicht mehr gesehen. Wie geht es Ihnen? Was macht das Fräulein Tochter? Hat es eine Freundin? – Als ob mich das ernsthaft interessieren würde!
Jawohl, das Fräulein Tochter hat eine Freundin, und das Fräulein Tochter hat auch eine Mami, und die Mami heißt Muschi.
Ekelhaft!
Wasserblaue Augen, blond bewimpert, die Nase ein kleiner Rüssel, der Mund ein Strich; ganz der Papa!
Und Papa sagt immer Muschi zur Mami.
Stimmt das?
Die fremde Frau lehnt am Kleiderschrank. Sie nickt und versucht ein Lächeln: Wenn es nur das wäre ...
Ich gucke kalt zurück.
Hoffentlich schüttet sie mir jetzt nicht ihr Herz aus. Ich hasse Problemgespräche von Frau zu Frau. Immer das gleiche, und helfen kann man sowieso nicht. Nein, ich habe keine Lust zum Psycho-Heimtrainer. Was gehen mich die Sorgen anderer an? Ich erzähle ihnen ja auch nicht meine. Dabei wären sie weiß Gott interessanter als diese Litanei:
Er meint es ja nicht bös. Im Grunde ist er ein herzensguter Mensch. Man muß ihn nur zu nehmen wissen ... Weißt du, was mich am meisten ärgert, ist, daß er immer alles besser weiß und daß ich alles

hinter ihm herräumen muß. Aber so sind die Männer! Erst charmant, und wenn sie uns haben, lassen sie sich gehen. Manchmal möchte ich alles hinschmeißen und abhauen ... Aber was wird dann aus Stefanie? –
Und richtig schlimm sind ja eigentlich auch nur seine Wutanfälle. Aus irgendeinem Grund fängt er an zu toben, ich kann dir nicht sagen, warum ... Schrecklich! Hinterher tut es ihm immer leid, und er wird zärtlich ... Das ist noch schlimmer. Aber was soll ich machen, schließlich sind wir verheiratet ... Und er hat ja auch seine guten Seiten. Du, geizig ist er überhaupt nicht. Wenn du es richtig machst, kannst du alles von ihm kriegen. Trotzdem denke ich manchmal: Ich hätte nicht heiraten sollen. Eigenes Geld haben, unabhängig sein ... das wär was! Auf Männer könnte ich gut verzichten! – Aber Scheidung ...? Ich weiß nicht. Und Stefanie braucht doch ihren Vater. Nicht wahr, Stefanie.

Zwei kleine Mädchen, nebeneinander auf dem Kleiderschrank: Marie und Anne, mucksmäuschenstill. Der Kleiderschrank steht vor der Schiebetür, die das Wohnzimmer vom Schlafzimmer trennt. Sie ist einen Spaltbreit geöffnet. Das hat Anne schon heute morgen getan, gleich nach dem Frühstück, als sie für einen Augenblick allein im Zimmer war.
Klasse, flüstert Marie, prima Blick!
Anne nickt stolz: Wie im Weihnachtsmärchen.
Auf der Bühne: Gertrud und der Wäschemann. Gertrud ist das Mädchen und der Wäschemann ihr Freund. Die Unzertrennlichen haben ihnen die große Aufgabe zugedacht, vorzuführen, was Liebe ist und wie Liebe geht. Da beide nichts davon ahnen, beschränken sie sich darauf, leise zu murmeln, zärtliche Blicke gegeneinander zu werfen und Kakao in vornehmen, kleinen Schlucken zu trinken.
Langweilig!
Ein Höhepunkt bahnt sich erst an, als der Wäschemann die Hand ergreift, die gerade die Kanne hält, um nachzuschenken. Deine Hände ... flüstert er versonnen, deine Hände ... und würde sie am liebsten küssen, wie O. W. Fischer die von Ruth Leuwerick, wenn er nur wüßte, wie man das macht.

Gertrud ist gerührt. Sie ist siebenunddreißig Jahre alt, und er ist ihre letzte Chance. Energisch setzt sie die Kanne ab und sich selbst auf seine Sessellehne: O Kurt!
Er schmiegt den Kopf an ihre Taille.
Die Unzertrennlichen atmen schwer. Jetzt kommt's!
Es kommt aber nichts, jedenfalls nichts Rechtes, nur ein Kuß; und dann muß Kurt gehen, Wäsche ausfahren; es ruft die Pflicht.
Gertrud sitzt sinnend im Sessel: Wieder nichts. Sie schenkt sich einen Cognac ein.
Anne dagegen ist zufrieden. Ergriffen träumt sie vom Glück in den Armen eines Mannes, Hand in Hand und Mund an Wange. Kinder will sie auch.
Und Marie?
Marie mault. Sie ist enttäuscht, sie fühlt sich betrogen. Einer, die vor vierzehn Tagen die Onanie entdeckt hat und «Unter vier Augen» schon zweimal gelesen, ist wirklich nicht viel geboten worden.
Sie springt vom Schrank: Wenn das alles ist, bleibe ich lieber allein.

Zwei Frauen, zwanzig Jahre später.
Vielleicht sollten sie so tun, als hätten sich ihre Träume erfüllt?
Die eine, Frau und Mutter, sonst nichts, die andere, allein und am Theater.
Lohnt sich denn das? – Die fremde Frau reibt Daumen und Zeigefinger gegeneinander.
Ich sehe sie an. Sie ist alt geworden über solchen Fragen. Ich werde alt werden über meinen Antworten:
Ich zahle meine Rechnungen selbst. Das ‹ich› dabei betont.

Typisch, sagst du. Aber stimmt es etwa nicht? Und was hast du dagegen? Kennst du Angenehmeres als selbstzahlende Frauen ... Dazu gebildet und nett anzusehen ... Na also, dein Problem!

Zwei kleine Mädchen nebeneinander im Doppelpult: Aufnahmeprüfung für die Oberschule. Anne hat Angst. Marie sagt vor. Es wird schon gutgehen.

Es geht aber nicht gut.
Nur Marie besteht.
Ihre Mutter kauft ihr zur Belohnung eine karierte Jacke, so eine, wie Anne hat. Marie zieht sie nicht an.
Als ihr Christianes Hamster ein paar Wochen später ein Loch hineinfrißt, ist sie richtig froh.
Was Anne trägt, steht ihr nun mal nicht.
Überhaupt Anne:
Verräterin hat sie sie genannt. Nur weil sie selbst zu blöd war, die Prüfung zu bestehen.
Dumme Pute! Zu doof zum Abschreiben!
Das Gemeinste ist, daß sie jetzt immer mit dieser Bärbel herumzieht.
Zum Geburtstag wünscht sich Marie einen Parallelo, den gleichen wie Christiane, nur in Rot.

Kind, Anne war lange nicht mehr hier. Habt ihr euch gestritten? / Nö. / Warum kommt sie dann nicht mehr? / Weiß nicht.

Kind, hast du schon Anne zu deinem Geburtstag eingeladen? / Nö. / Willst du es denn nicht tun? / Weiß nicht.

Kind, ich hab heute Anne gesehen. Sie lernt jetzt Verkäuferin. / So. / Sie sah entzückend aus. / Entzückend? Diese Bohnenstange ...!

Die fremde Frau ist sehr dünn. Sie muß Mitte Dreißig sein. Ihr Gesicht sieht zehn Jahre älter aus, wie das so oft bei hageren Frauen der Fall ist. Früher hätte ich sie um ihre Magerkeit beneidet. Heute bin ich froh, daß ich etwas üppiger bin. Dadurch habe ich kaum Falten. Man hält mich im allgemeinen für jünger, als ich bin. Das ist mein Kapital.
Die fremde Frau bringt mich zum Gartentor. Sie sagt, daß sie sich sehr gefreut habe und daß ich keine Angst zu haben brauche, Asta sei im Zwinger. Asta ist ihr Schäferhund. Er kläfft. Die fremde Frau liebt Tiere. Das hat sie schon als Kind getan.
Ihre Tochter Stefanie liebt auch Tiere. Am meisten einen kleinen Affen aus Plüsch, der trommeln kann, wenn man ihn aufzieht.

Sie hat ihn mir vorgeführt, vorhin in ihrem Zimmer, und dabei laut gelacht. Ich hätte mir gewünscht, das nicht zu sehen. Ein schrecklicher Anblick: Gelbe Mäusezähnchen, richtige kleine Reißer kamen zum Vorschein. –
Armes Kind, dachte ich, du wirst es schwer haben – bei dem Gesicht ...
Na, wenigstens bist du musikalisch.
Unter Trommelwirbeln floh ich aus ihrem Zimmer.
Unter Trommelwirbeln fliehe ich aus dem Haus.
Im Laufen fällt mir ein, daß ich noch mehr als Kinder ihr Spielzeug hasse.
Das war zu unserer Zeit anders, sage ich zur fremden Frau, wir brachten unsere Plüschtiere noch selbst zum Sprechen. Sie versteht mich nicht.

Marie und Anne im Bett. Getrennt.
Marie besitzt eine schwarze Katze zum Reingreifen wie eine Kasperle-Puppe. Die schiebt sie sich nachts auf die rechte Hand, dann legt sie die rechte Hand, die Katzenhand, in die linke Armbeuge, und dann erzählen sie sich alles, die Katze und Marie.
Anne besitzt einen Zoo. Hunde, Katzen, Hasen, alles, was es gibt, und alles mit vier Beinen, wie es sich gehört. Die Tiere stehen auf einem Bord hinter ihrem Bett, und jeden Abend zählt sie sie.

Jetzt stehen wir am Gartentor.
Wir sehen uns an.
Sie kommt mir bekannt vor.
Auf gut Glück frage ich: Was ist aus den Tieren geworden? Sie zuckt die Achseln: weggeworfen. Man muß sich auch mal von etwas trennen können.
Stimmt, sage ich und trete durch das Tor ins Freie.

Stell dir vor! Neulich hat mich tatsächlich eine alte Freundin angerufen. Sie wollte mich unbedingt wiedersehen. Und ... hat sie?
Natürlich nicht. Warum auch? Gabi, habe ich zu ihr gesagt, Gabi, das hat doch keinen Zweck. Was könnten wir uns schon erzählen,

was wir nicht längst wüßten! Meine Güte, fünfzehn Jahre, fünfzehn Jahre Entfernung …

Und sie, was hat sie gesagt?

Ich weiß nicht mehr genau. Sie schien traurig zu sein.

Ja, traurig war sie. Schade, hat sie gesagt, wirklich schade, Ele. Ich denke so oft an dich. –

Merkwürdig. Und ich habe sie völlig vergessen.

Ich könnte ja Patentante werden

von

Ruth-Esther Geiger

Das Wetter ist grau, es ist nachmittags, sie ist ein bißchen erschöpft, und das Bett ist, wie es sein soll: höhlenhaft.

Aber es kommen keine neuen Gedanken, und keine alten vertiefen sich. «Ich bin eben doch langweilig», denkt sie. «Die Luft ist raus, keine Ideen mehr. Punkt. Früher wäre ich jetzt einfach zu Regine rübergegangen. Aber jetzt störe ich. Eigentlich stört sie mich, fast körperlich. Ja, körperlich. Es ist nicht einmal der Bauch. Oder der Bauch ist nur das Dickste. Ja, natürlich das Dickste. Bei einer Schwangeren!

Aber der behäbige Bauch drückt nur aus, was Regine als Haltung längst angenommen hat. Oder den Bauch braucht sie, vielleicht auch das Kind – aber da wird sie sich wundern, denn dann ist es aus mit der kontemplativen Ruhe –, den Bauch braucht sie, um endlich mal ruhig und für sich und mit gutem Gewissen faul zu sein. Früher ist sie ja wie eine Irre rumgewieselt. Was die alles noch neben ihrem Beruf und den Männern geschafft hat: Politik-Termine, Reisen und – ja, wieviel Zeit sie sich für Gespräche mit Frauen nahm! Auch mit mir. Wir konnten nicht nur abends, sondern einen ganzen Tag verklönen. Gespräche über alles. Jedenfalls mit mir.

Jetzt bin ich weiter wieselig, und sie ist so gespenstisch ruhig. Und dabei ist gar kein Mann dazwischengekommen. Denn den Rudi nimmt sie ja gar nicht so ernst.»

Im Nebenzimmer hebt sich jetzt die Schwangere aus dem Sessel, fährt sich über den Bauch unter dem Latz ihrer Monteurshose und stöhnt. Auf dem Weg ins Bad sieht sie sich im Flurspiegel. Schon als sie daran vorbei ist, fällt ihr ein, noch einmal umzukehren, und jetzt betrachtet sie sich im Profil. «Rudi muß unbedingt noch ein Foto in dieser Phase machen, beides: nackt und angezogen.» Dann im Bad unter der Brause, bevor sie ihren Körper mit Öl einmassiert gegen Schwangerschaftsstreifen, denkt sie an ihre Freundin im Nachbarzimmer:
«Was die wohl gerade wieder grübelt in ihrem Bett, am Nachmittag!
Immer so negativ, alles ist problematisch für sie geworden. Jetzt weiß sie nicht mal mehr, ob sie ihr Studium beenden soll. Man muß doch einen Sinn in etwas finden! Und wenn es nur erst mal der Studienabschluß ist. Jetzt schon darüber nachzudenken, ob ihr das Fotografieren für Geld wirklich liegt! Immer nur diese abstoßenden Fotos, komisch. So kann sie natürlich keine Aufträge bekommen. Und immer sich selbst auch noch so häßlich abzulichten – gräßlich, neulich diese Frauenbilder-Ausstellung. Sie könnte dabei so leicht mal eine Serie über mich machen: die letzten Stadien der Schwangerschaft. Wäre sogar 'ne Abschlußarbeit vielleicht. Und könnte in 'nem Frauenverlag gedruckt werden. Aber von mir nimmt sie ja keine Ideen mehr an.»

Als Regine abgetrocknet und eingeölt in ihrem Zimmer ankommt, sieht sie über ihrem Schreibtisch das eingerahmte Foto, auf dem sie beide in Italien sind. Mitten in diesem Taubenhaufen. Mensch, waren die eklig. Und jetzt kommt sie sich selber manchmal wie eine fette Taube vor. Aber zum Glück wird sie nicht von einer schmuddeligen alten Tante mit knochigen Fleckenhänden gefüttert. Sie nicht! Sie hat nie von anderen etwas genommen. Das Kind wird sie auch selbst ernähren, allein großziehen. Allerdings würde sie nie wie manche Frauen auch noch ihren Freund durchbringen. So einen wie

Tom, aus dieser Jazz-Gruppe, der sich bei ihnen erst den Bauch vollschlägt, ehe er im Nachbarzimmerbett verschwindet. Nein! Auf den wird Regine richtig aggressiv, wenn sie seine Geräusche hinter der Zimmerwand hört. So einen kann sie sich nicht leisten! Und will sie auch nicht. «Jetzt will ich erst mal nur ich selbst sein. Für mich da sein. Und dann habe ich das Baby.»

Wieder guckt dieses Foto auf sie herab. Gräßliche Tauben!

Aber sie beide sehen eigentlich lustig aus. Lachen, ironisch und zufrieden. Ihre Körper berühren sich gerade, absichtslos, nicht extra fürs Bild. «Damals fand ich ihren eckigen, ungeschickten Körper eigentlich schön. Sie war so kindhaft, so anders als ich. Damals hätte ich sie immer nur ansehen können, wenn wir miteinander sprachen. In der Trattoria, auf der Piazza, in dieser unmöglichen Gondel, als wir über den Mann mit dem Operettengesicht lachten. Ich mochte sie so gern ansehen. Ich mochte sie auch gern gehen sehen. Und jetzt macht mich diese Eckigkeit, dieses linkische Gehabe einfach verrückt. Ich könnte sie an die Wand klatschen! Warum will sie nicht endlich die Prüfung machen, warum hat sie immer diese unmöglichen Liebesbeziehungen, warum wird sie nicht erwachsen? Neulich zum Beispiel, als ihre Mutter hier war: dieses störrische Gehabe mit 26. So ist sie auch zu mir neuerdings.

Zum Glück bin ich viel ruhiger geworden. Nur dieses Foto macht mich unruhig. Sie sollte eigentlich selbst auf die Idee kommen, daß es besser ist auszuziehen! Dann könnte ich vielleicht mit einer anderen Mutter ... Und endlich das Foto weghängen.»

Regine geht in die Küche, sich einen Tee aufbrühen.

«Warum sie noch immer dieses Foto von unserer Reise bei sich hängen hat?» denkt die Freundin im Höhlenbett, als sie Regines knarrenden Holzfußboden hört. «Stimmt doch alles gar nicht mehr. Immer diese Zitate, beschwörerisch! Ich halte solche Unehrlichkeiten bald nicht mehr aus. Wie sie vorhin wieder mit der Manuela telefoniert hat. Wie ich sie mir vorstellen kann, all diese dicken, ungelenken Dreißigerinnen beim Schwangeren-Baden: eklig. Monsterversammlung, juchzend, wahrscheinlich. Genauso wie beim Turnen: Ich rieche förmlich den Schweißgestank in der Turnhalle. Oder

beim Kochen. Diese Demeterkost hängt mir schon jetzt zum Halse raus. Alles riecht so grauenvoll gesund plötzlich bei uns. Fehlt nur noch der Lebertran, den ich als Kind runterwürgen mußte, Sanostol. Kalk für die Nägel, Kräuterblut für den Kreislauf, Trockenfutter für die Verdauung. Jetzt mag ich schon gar nicht mehr meinen Wein mitbringen, Rauchen ist sowieso nur noch auf meinem Zimmer erlaubt.
Vielleicht sollte ich mal eine Fotoserie über die schrittweise Veränderung unserer Wohnung durch die nahende Niederkunft machen. Vielleicht als Abschlußarbeit.
Warum kann ich sie kaum noch ansehen, geschweige denn anfassen? Warum wird durch etwas eigentlich Natürliches wie einen wachsenden Bauch alles plötzlich so anders? Ich komme mir vor, als sei ich keine richtige Frau.
Ich bin vielleicht mehr ein Mann. Mehr als Tom vielleicht sogar. Meine komischen Gefühle zu meinem Körper kann ich ihr gar nicht mehr anvertrauen. Denn sie kennt das gar nicht mehr. Sie lebt in ihrem Körper. Neulich sagte sie zu Freunden in der Küche: Ich verstehe gar nicht mehr, wie ich früher immer unter meinen großen Brüsten gelitten habe. Es gibt doch gar nichts Schöneres als dieses naturverbundene Gefühl!»

Sie zieht sich die Bettdecke immer mehr über den Körper, jetzt schon bis über die Nase, als ob der gesamte Modergeruch der Welt in ihr Schlafzimmer gedrungen wäre. «Wo, bitte, ist denn das Leben für mich da? Wo ist diese Zukunft, auf die man mich getrimmt hat? Ein bißchen besser hätte das Zeugnis aber ausfallen können, nicht?! – Meine Mutter: Neulich, als sie hier war, wie schrecklich verbunden die beiden plötzlich taten. Ich als ihre Tochter war gar nicht mehr da! Wie sie ihre Erfahrungen austauschten, das Letzte! ‹Ja, schlecht wird einem immer nur bei Töchtern. Ja, ja, die Haare, und die Zähne erst, da müssen Sie wirklich aufpassen, Regine!› Mir wird jetzt noch ganz schlecht. Ich rieche die Muttertierdüfte buchstäblich, das Sauermilchige.»

Im Bett wurde es jetzt zu heiß, schlafen konnte sie doch nicht, und diese ewig kreisenden Gedanken brachten ja auch keine originellen Ideen. Sie würde Ansgar anrufen nachher, um sich in seiner Fabriketage mit den Leuten zu treffen, die sie auf Ideen brachten. Vielleicht sollte sie da einziehen, bald. Aber andererseits, hier war noch nicht alles an ein richtiges Ende gekommen mit Regine. Nach all den Jahren, in denen sie so viel Spaß und Ernst und Ideen gehabt hatten. Miteinander.
Sie stocherte sich aus dem Bettzeug und fiel halb die Treppe vom Hochbett hinunter. Sie richtete sich vor dem Spiegel auf, ehe sie in ihre Jeans stieg. Plötzlich nahm sie die alte Pumphose vom Bügel, ganz dünn rann der Schweiß ihr kalt die Achseln runter, als sie ein Kissen in die inzwischen angezogene Gummizughose stopfte und sich im Profil betrachtete: «Nein, ich glaub, ich würd mir ein Korsett beschaffen, ehe ich so aussähe. Aber», dachte sie, als sie hastig in ihre Jeans stieg, «vielleicht kann ich, wenn Regines Gör da ist, ja Patentante werden.»

Rosa Pumps kontra Dritte Welt-Schuhe oder Wir müßten mal darüber reden

von Gaby Stein

Es ist später Nachmittag. Ich sitze im Büro und notiere wichtige Termine für morgen, übermorgen. Grübelnd starre ich auf das Datum im Kalender. Geistesblitz! ‹Mensch, 6. Juni – Ina ist zurück.›
‹Ina ist eine meiner besten Freundinnen, seit über vierzehn Jahren. In der Schulzeit waren wir unzertrennlich und haben oft gemeinsam Ferien gemacht. Dann, während des Studiums, haben wir uns seltener gesehen, vielleicht vier- bis fünfmal im Jahr. Bei 800 km Entfer-

nung kein Wunder. Unsere letzte Begegnung liegt schon neun Monate zurück. Vergeblich hatte ich danach versucht, sie zu erreichen. Und schließlich bei den Eltern angerufen. «Ina ist irgendwo in Südamerika», lautete die Antwort der Mutter, «sie kommt erst Ende Mai zurück.» Ich war sauer. Ina hätte mir davon etwas erzählen können.›

Aufgeregt suche ich ihre Nummer heraus und wähle. ‹Hoffentlich ist sie zu Hause. Jetzt, in meiner ersten Stellung nach dem Studium, arbeite ich nur ein paar Straßen von ihrer Wohnung entfernt. Nach Feierabend könnte ich sie besuchen ...›

«Ina Diering.» – «Ina, hier ist Gaby. Na, du Weltenbummler, ich freue mich, daß du heil wieder da bist. Wie geht's dir?» – «Gaby, wie schön, daß du anrufst. Ich bin noch gar nicht ganz da. Hier ist alles so hektisch. Gerade packe ich aus. Weißt du ...» Plötzlich steht neben mir jemand mit eiliger Arbeit, tritt unruhig von einem Fuß auf den anderen. «Ina, ich muß was tun. Ich kann nicht weitersprechen. Wann können wir uns treffen?» – «Morgen abend? Du kannst auch bei mir übernachten.» – «Ja, toll! Dann gehen wir zusammen essen. Bis dann.» – «Ich freu mich. Tschüs!»
Unkonzentriert arbeite ich bis zum Feierabend. Gedanken schießen mir durch den Kopf: ‹Ina war schon immer reiselustig. Aber fast acht Monate durch Südamerika zu wandern, so ganz allein – ich würde mir das nicht zutrauen.›

Der nächste Tag. Meine Uhr steht auf 17.30. Ich lasse den Filzstift fallen, greife nach meiner Tasche, renne die Treppe hinunter – durch den Ausgang. Aufatmen! ‹Der Tag ist vorbei – der Abend beginnt.› fünfzehn Minuten später schelle ich bei Ina. Wir fallen uns in die Arme, als hätten wir uns dreißig Jahre nicht gesehen. Dann mustern wir uns gegenseitig, von oben bis unten. Wie sehr wir uns seit unserem letzten Treffen verändert haben – da waren wir beide auch noch Studentinnen. Nun steht ein langer Aufenthalt in Südamerika drei Monaten Berufstätigkeit gegenüber. Das hinterläßt seine Spuren, zumindest in der Kleidung. Wir schauen aus wie aus zwei unterschiedlichen Welten. Ina mit Jesuslatschen, Batikrock, verwaschenem T-Shirt und streichholzkurzen Haaren. Ich mit hochhackigen Schuhen, gestreifter Hose und gestreiftem Hemd (zebraähnlich), Dauerwelle. Befremdung liegt in der Luft. Drohend spüre ich die ihre und fühle mich selbst auch nicht viel besser.

Wir setzen uns erst mal in die Küche. Ina erzählt über die Reise, die Menschen, zeigt Bilder und Mitbringsel. Wird politisch. Schildert den Unterschied zwischen Regierung hier – und Regierung dort. Staunend lausche ich. Doch das warme, herzliche Verhältnis von früher will nicht aufkommen. ‹Vielleicht liegt es an meinem Acht-Stunden-Tag und daran, daß ich nichts im Magen habe.›

Kurze Zeit später brechen wir auf. Richtung Altstadt. Dahin, wo was los ist. Wir laufen schweigend durch die sich leerenden Straßen. Bleiben ab und zu stehen, sehen uns Schaufenster an. Worte fallen nicht.

Als uns endlich die Menschenmassen der Altstadt aufnehmen, setzen wir uns gleich wieder ab, beim erstbesten Italiener. In Erinnerung an unsere Schul- und Studienzeit bestellen wir, was wir damals oft gemeinsam gekocht haben – Lasagne – und natürlich Wein. Trotzdem wird die Stimmung unerträglich. Weil wir im Grunde nicht wissen, über welches Thema wir uns unterhalten sollen. Ich probier's mal mit der Zukunft. «Sag, Ina, was hast du denn vor in nächster Zeit? Willst du in den Beruf einsteigen? Oder willst du noch ein neues Studium anfangen?» Diesen Punkt hätte ich lieber nicht berühren sollen. Ina explodiert! «Du bist ja ganz schön angepaßt! Und wie du aussiehst – die Klamotten –, du willst wohl mit aller Gewalt Karriere machen!» Nach diesem Frontalangriff fehlt mir gänzlich der Mut zum Gegenstoß. Also verteidige ich mich etwas unsicher: «Die Jeans- und Indien-Look-Zeiten sind für mich vorbei. Im Beruf muß ich Zugeständnisse machen, jedenfalls in der Kleidung. Und jedenfalls für die nächsten vier bis fünf Jahre. Dann kann ich mich selbständig machen. Und wer weiß, wenn ich gut bin, werde ich auch in anderer Kleidung akzeptiert. Mit dem Ziel vor

Augen macht mir äußerliche Anpassung nichts aus.» – «Das ist nichts für mich. Und in den Beruf einsteigen – aber das wußte ich ja schon von Anfang an –, die Hoffnung auf eine Stelle ist eine Illusion. Das muß man eben auf sich zukommen lassen. Für mich stehen im Vordergrund sechs Wochen Griechenland, im Herbst. Hier ist's mir zu kalt.»

Ich muß an unsere Schulzeit denken: ‹Ina war immer die fleißigere von uns beiden. Wenn ich in den Freistunden zum Kaffeetrinken ging, hat sie in der Bücherei gelernt. Für freiwillige Referate konnte sie sich stets begeistern, während ich mich um jede nur mögliche Arbeit gedrückt habe. Deshalb hatte sie auch immer die guten Noten, und ich bin so durchgerutscht. Kurz vor den Zeugnissen sah es bei mir oft böse aus, dann ließ sie mich abschreiben, zum Beispiel in Französisch. – Jetzt haben wir, was Zielstrebigkeit angeht, die Rollen getauscht.›

Der Wein und das gute Essen lassen uns redseliger werden. Wir finden langsam Unterhaltungsstoff aus Politik und Kultur – vermeiden aber, auf Persönliches zu kommen. Ergötzen uns an dem Aussehen der promenierenden Menschen und stellen fest, daß «cooles Aussehen» heute «in» ist. Zwischendurch wechseln wir von der Pizzeria ins Punk-Café, mit wilder Musik und «wilden» Typen. Wir werden lustiger und lachen viel. Erzählen von früher – wo Ina immer die Brave war und ich …

‹Damals wie heute unterschieden wir uns in der Kleidung: Lodenmantel kontra Parka; Faltenrock kontra Jeans. Ich glaube, die letzten Jahre haben alles ins Gegenteil gekehrt und Gegensätze verstärkt. Oder haben wir uns auch während der Schulzeit ständig verändert? Und es nur deshalb nicht so kraß bemerkt, weil wir uns fast jeden Tag gesehen haben? Oder waren wir damals toleranter? War das, was uns verband, nur die täglichen Probleme mit Lehrern, Eltern und Freunden? Die Planung unserer gemeinsamen Reisen? Wir müßten mal darüber reden. Doch nicht hier und heute. Dann, wenn wir beide uns beruhigt haben.›

Gegen drei Uhr früh werden wir müde und machen uns auf den Heimweg. Wir träumen von unserer Zukunft. Inas größter Wunsch ist ein Bauernhaus, irgendwo auf dem Land. Mit großem Garten und eigener Quelle. Ich möchte gerne eine Weltreise machen, die Pyramiden, Disney-Land, den Mount Everest sehen.

Am nächsten Morgen: Der Wecker klingelt. In meinem Kopf brummt es wie in einem Bienenhaus. Schlaftrunken schleiche ich in die Küche und suche den Wasserkessel. ‹Was ich jetzt brauche, ist ein starker Kaffee.› Blick auf die Uhr. ‹In 40 Minuten muß ich schon los. Die Pflicht ruft.› – In fremden Küchen findet man alles, bloß nicht das, was man sucht. Notgedrungen greife ich zu einem Topf und setze Wasser auf. – Der Wasserhahn im Bad tröpfelt, fließen kann man das nicht nennen. Mir fällt ein, daß sich Ina ja ein Bauernhaus wünscht. ‹Wasser kostet Geld. Anscheinend spart sie schon jede Mark.›

Halbwegs angezogen gehe ich auf Kaffeesuche – nichts zu sehen, nicht die kleinste Bohne. Gerade als ich mich doch entschlossen habe, Ina zu wecken, steckt sie den Kopf zur Tür herein. «Hast du keinen Kaffee?» «Nein, ich trinke keinen, Tee ist billiger. Da oben im Regal.» Sie zeigt auf eine Riesenbüchse. ‹Tee für die nächsten zwei Jahre.› «Willst du auch einen?» – «Mhm.» Sie setzt sich an den Küchentisch. Ich suche Tassen, Brettchen, Besteck zusammen, gieße den Tee auf. «Hast du noch ein wenig Brot? Mit leerem Magen halte ich es nicht bis zum Mittag aus!» – «Ja, da im Schrank. Es muß auch noch Käse da sein.» ‹Ein üppiges Frühstück ist das nicht gerade.› «Stört es dich, daß bei dem Käse das Verfallsdatum überschritten ist?» – «Nein, Hauptsache er schmeckt.» – «Ich kaufe ihn immer, wenn das Datum abgelaufen ist, dann ist er billiger.» ‹Wieder 'ne Mark fürs Bauernhaus›, den Gedanken kann ich mir nicht verkneifen.

«Ach Gaby, ich muß dir noch etwas zeigen, bevor du gehst! Gestern habe ich mir Schuhe gekauft, Originalimport aus Mexiko. Hier im Dritte Welt-Laden um die Ecke. Schick, nicht?» Ina hält die Schuhe hoch. «Und robust! Die halten was aus. Die sind noch handgemacht. So etwas solltest du dir auch zulegen.» – «Wie teuer waren die?» – «149 Mark.» – «Ein saftiger Preis! Sieh mal meine neueste Errungenschaft!» Ich krame aus meiner Tasche hochhackige, rosafarbene Pumps hervor. «79 Mark, bei Bally.» – «Muß das sein, Gaby?» Ina rümpft die Nase.

Meine Uhr zeigt: höchste Zeit zu gehen. «Du, ich muß jetzt. Sehen wir uns demnächst? Wenn du dich ein bißchen eingelebt hast. Am besten an einem Wochenende, da habe ich auch mehr Zeit!» – «Ja, ich ruf dich an. Ich glaube, wir müssen mal lange miteinander reden.»

Küßchen auf die Wange, Jacke an, Tasche untern Arm. Die Tür fällt hinter mir ins Schloß. ‹Verdammt, jetzt muß ich mich aber beeilen, sonst komme ich zu spät.›

Es gibt aber augenscheinlich auch Entwicklungen in Freundschaften, die Jahre überdauert haben. Trotz oder gerade wegen der Veränderungen der Frauen. So etwas bestaunen wir Jüngeren heute, wie unsere Generation langjährige Liebesverhältnisse eher beargwöhnt oder bestaunt. Manchmal kann es an der räumlichen Distanz liegen, die gegenseitige Neugier und Respekt vor dem Eigenleben der anderen leichter machen.

Lisa

von
Christel Hildebrandt

– Was kannst du, norwegisch?
– Hmh.
– Warum denn ausgerechnet norwegisch?
– Na, ich habe dort eine Freundin.
– Wieso, ist sie ausgewandert?
Nein, nein, Lisa ist Norwegerin, wohnt in Oslo, ist mit einem Norweger verheiratet und hat zwei strohblonde Kinder. Meine älteste und beste Freundin. Zu unserem dreißigsten Geburtstag haben wir uns gegenseitig besucht und den versammelten Bekannten die Geschichte unserer Freundschaft erzählt:

Daß wir uns in der vierten Klasse, 1962, kennenlernten. Eigentlich war unsere Freundschaft nur ein Zufall, so schien es jedenfalls zunächst. Meine damalige Freundin war fortgezogen, als letzte Ehre durfte ich ihre zurückgegebenen Bücher ins Sekretariat bringen. Ich saß allein in der Bank, voll Selbstmitleid und Angst, weil ein Schutzraum abhanden gekommen war. Ich war nicht beliebt bei den Mitschülern, der Haß kam später, damals herrschte Desinteresse vor – meine Bestätigung holte ich mir im Unterricht vom Lehrer oder bei Klassenarbeiten, bei denen ich um Rat und Ergebnisse gefragt wurde. Ich konnte nicht viel mit meinen Mitschülern anfangen und sie nicht mit mir. Sie erschienen mir grausam und oberflächlich – und gleichzeitig beneidete ich sie um ihre Unbefangenheit, Dinge und Verhaltensweisen zu bewerten und eigene Maßstäbe ohne nach außen ersichtliche Zweifel anzulegen. Ich schwankte zwischen dem Gefühl, verkannt und unverstanden unter ihnen zu leben, und der meist überwiegenden Selbsteinschätzung, langweilig, streberhaft und mit den ungeschriebenen Regeln nicht vertraut zu sein.
Und wieder saß ich allein in der Bank. Eine Neue wird hereingeführt, klein, hellblond mit rotgeränderten Augen, an der Hand eines Mannes! Schon das erweckt Aufmerksamkeit und Irritation – wieso

wird sie nicht von ihrer Mutter gebracht? Kurze Vorstellung durch den Lehrer, verschüchtert steht Lisa zwischen den Männern, blickt an uns vorbei, traut sich kaum, nach dem Ursprung von Geräuschen, Kichern, Räuspern, Fußescharren zu schauen. Aus Norwegen komme sie und könne kein Wort Deutsch, dafür aber Holländisch und Englisch – und Norwegisch. Die Männer schauen sich an und schmunzeln, wir verstehen nicht worüber, betrachten jetzt mit Ehrfurcht das Wesen mit den verweinten Augen, entdecken ihren kunterbunten Schulranzen und registrieren: aha, fremd.
Wo soll Lisa sitzen – ein suchender Blick des Lehrers, dem ich entgegenschaue, bei mir ist der einzige freie Platz.
Da sitzt sie neben mir, noch extra ein Stück fortgerückt, steif auf der Stuhlkante, nach vorne blickend, aus Gesten und Mimik des Lehrers Anweisungen für sich ablesend.
Endlich Pause, dank älterer Schwestern kenne ich einzelne englische Worte, erkläre ihr damit die Schule und den Unterricht. (Später erzählt Lisa mir, daß sie kein Wort Englisch konnte, der Lehrer es nur vermutet hatte.) Ich will sie nicht mögen, will nicht den anderen Schülern zeigen, daß ich die erste beste zur Freundin nehme, da ich keine andere bekomme. Und dann noch eine, die darauf angewiesen ist, niemanden kennt und sich erst zurechtfinden muß. Gleichzeitig bin ich neugierig und fasziniert von der kleinen Person, die zwar sprachlich unsicher ist und im Unterricht mit den hohen Ansprüchen der Lehrer an sie kämpfen muß, die jedoch erstaunlich schnell Hierarchie und Wertmaßstäbe in der Klasse erkennt. Wir sitzen nebeneinander und haben den gleichen Schulweg, und trotzdem ist es nicht zwangsläufig, daß wir auch die Nachmittage miteinander verbringen, mit Stofftieren uns immer neue phantastische Geschichten ersinnen. Auch zu ihr darf ich gehen, betrachte ehrfürchtig die fremdsprachigen Bücher im Schrank und esse begeistert selbstgebackenes Brot mit süßem Käse. Ihren jüngeren Geschwistern gegenüber können wir uns kichernd Geheimnisse erzählen, sie verstehen noch nicht genug Deutsch, und die Sprache ihrer Mutter, ein Gemisch aus Holländisch, Deutsch und Norwegisch, liebe ich heute noch, sie ist international und war für mich schnell selbstverständlich.

Aber gleichzeitig lebte ich in Gefahr, diesen Schutz, diesen Bereich, in dem ich mich sicher und wohl fühlte, zu verlieren. Denn je mehr Deutsch Lisa lernte, um so mehr fürchtete ich, sie würde meiner überdrüssig werden, mich als lästig empfinden und mit den anderen über meine Plumpheit lachen. Und was hatte ich ihr schon zu bieten, was andere nicht konnten? Immer wieder tauchten diese Ängste auf, wenn ich allein war, befürchtete ich, daß Lisa ein anderes Bild von mir hätte, als ich einlösen könnte. Und deshalb war ich dankbar für jede Möglichkeit, ihr meine Zuneigung zu zeigen.
Der Rektor unterrichtete uns in Mathematik, Textaufgaben. Eigentlich ein Gebiet, das mir Freude machte, doch war sein Unterricht so angstbeladen, daß niemand in unserer Klasse Spaß entwikkeln konnte. Lisa und ich saßen immer noch nebeneinander, jetzt auf gegenseitigen Wunsch, und waren mittlerweile vertraut, eingespielt weg und auch ohne Worte permanent in Kontakt. Lisa verstand eine Aufgabe nicht, und als ich sie ihr erklären wollte, wurde der Lehrer auf uns aufmerksam. Er sah ein Opfer, an dem er unsere Unfähigkeit und seine Macht zeigen konnte. Immer wieder stellte er Lisa dieselbe Frage, weidete sich an ihrer zunehmenden Verwirrung und forderte fortwährend die gleiche Antwort. Und je länger er bohrte, desto unsicherer wurde sie. Ihre einzige Chance bestand darin, auf meine Einflüsterungen zu vertrauen, weil ich, da ja nicht im Blickpunkt der Schmach, noch denken konnte und so die Arbeit für uns beide übernahm. Das jedoch nicht gut genug, der Lehrer forderte Lisa auf, sich hinzustellen und schrie mich an, ich solle nicht vorsagen, sie müsse das allein können.

Während des Schreibens steigt das damals erlebte Gefühl wieder hoch, eine Mischung aus Angst und Sturheit. Lisa, links von mir stehend, wir beide mit unverwandtem Blick auf ihn, schwitzend, zitternd, aber wir lassen uns nicht auseinanderdividieren. Für mich bot die Situation gleichzeitig die seltene Gelegenheit, Lisa zu beschützen und zu verteidigen, während die Rollenverteilung sonst doch meist umgekehrt war.
Es war eine sichere Freundschaft, die einzige während meiner Schulzeit, die mir das Leben in der Klasse mehr als erträglich

machte. Sie lernte von mir Deutsch und für die Schule nützliche Dinge, ich lernte von ihr mehr: Vertrauen in die Mitschüler und in mich selbst, das Gefühl erleben, mit einem anderen Menschen völlig zu harmonieren und dadurch angstfrei in einer Gruppe bestehen zu können. Sie akzeptierte die anderen Mitschüler, hatte ihnen gegenüber keinerlei Schwierigkeiten und hörte sich trotzdem meine Klagen an. Sie wurde mein Vorbild, mein Idol, immer mehr wünschte ich, wie sie zu sein und damit auch von den Mitschülern in gleicher Form angesehen zu werden. Denn nach einhelliger Meinung wurde sie von allen Schülern und Lehrern geliebt.

Dann, nach einem Jahr, zog sie wieder nach Norwegen; es war ein schmerzhafter Abschied, was wir beide jedoch nicht zugeben mochten. Ihre ersten Briefe kamen, plötzlich voller Fehler, nüchterne Schilderungen des neuen Beginns. Sie kam auch, stunden- oder tageweise zu Besuch, wurde von ihren Eltern an der Tür abgeliefert und zur verabredeten Zeit wieder abgeholt.

Als ich zwölf Jahre alt war, sollte mein erster Besuch in Norwegen stattfinden. Vier Wochen, die teure Schiffsfahrt mußte sich ja lohnen. Schon die Überfahrt war ein Erlebnis, allein auf der Fähre, mit einer norwegischen Studentin in der Kabine. Stolz und Angst mischten sich, aber die Norwegerin nahm mir die Scheu. Sie hatte zwei Schildkröten in der Kabine, geschmuggelt in einem Einkaufskorb, die wir gemeinsam mit Salatblättern fütterten. Und so wurde ich auch in Lisas Familie aufgenommen: selbstverständlich, in den Alltag mit einbezogen. Die große Attraktion war ein Skiurlaub mit der ganzen Familie, Onkel und Tante. Plötzlich konnte ich wieder meine Ängste mit Lisa teilen, gemeinsam überwanden wir selbst die Scheu vor dem Skilift, ich fühlte mich seit langer Zeit das erste Mal wieder völlig verstanden und nicht allein mit meiner Unsicherheit. Vieles war fremd für mich, das ungezwungene Verhalten der Eltern, die Schule, die ich einen Tag lang mit besuchte, und die Spiele mit Lisas Freunden. Aber zwei Dinge gaben mir Sicherheit: Ich war Ausländerin und mußte damit nicht alle Regeln der Verständigung kennen – und ich war Lisas Freundin, die für mich erklärte und entschied.

Dieser Besuch war für uns beide sehr wichtig, er zeigte, daß wir uns weiterhin nicht nur viel zu sagen hatten, sondern uns immer noch auch wortlos verstanden. – Wie häufig habe ich mir gewünscht, daß Lisa wieder nach Hamburg ziehen sollte! Aber ihr Vater wünschte, daß seine Kinder in Norwegen aufwuchsen, in der norwegischen Sprache als Heimatsprache.

In großen Abständen besuchten wir uns gegenseitig, fanden uns irgendwann zu alt für eine derartige Brieffreundschaft, die Schilderungen der anderen als kindlich und die Zeit für eine Kinderfreundschaft vorbei. Eine ganze Weile lang klang das gegenseitige Desinteresse immer wieder in den Briefen an, wir hatten uns lange nicht gesehen, hatten eine Scheu gegenseitig aufgebaut. Unsere Interessen hatten sich geändert, und wir fanden schriftlich nicht den passenden Ton. So wurden die Briefe spärlicher, kürzer und formaler. Warum wir damals, als Teenager, den Kontakt nicht abbrachen, weiß ich nicht, Gewohnheit, elterliche Ermahnungen und das Gefühl, daß dieser Briefkontakt doch etwas Besonderes sei, bildeten wahrscheinlich die Hauptgründe.

Beide machten wir das Abitur, Lisa ein Jahr vor mir. Und als sie nach einem Jahr Pflegearbeit als Belohnung zu mir fahren durfte, lebte ich zwar noch bei meinen Eltern, doch ich war inzwischen Studentin, ging nicht nur zur Universität, sondern auch in Kneipen und hatte mich politisch engagiert. Während dieses Besuchs fanden wir uns neu wieder. Das erste Mal entdeckten wir ein Phänomen, das uns später immer wieder überraschte: Nicht alles ist schriftlich zu vermitteln, Entwicklungen, Einstellungen verändern sich schleichend, und dann treffen wir uns nach ein, zwei Jahren und stellen verwundert fest, daß wir uns seit dem letzten Treffen zwar ziemlich verändert haben, diese Veränderungen aber bei uns parallel verliefen. Wir werden älter, erfahrener und leben intensiv in der Gegenwart, doch obwohl wir unter sehr unterschiedlichen Bedingungen leben – Familie und Beruf dort, Wohngemeinschaft und Arbeitslosigkeit hier –, fällt es uns erstaunlich leicht, uns Gefühle, Ängste und Hoffnungen zu vermitteln. Und diese Zwischentöne erkennen wir jetzt auch in den Briefen.

Streit gab es nie. Viel zu kurz und zu kostbar ist die gemeinsame Zeit. Und eigentlich gibt es keine Streitpunkte. Nur einmal, der Test

unserer altmodischen Freundschaft. Sie besucht mich mit Mann und Kindern, für einen Abend in dieser turbulenten Woche finden wir einen Norwegisch sprechenden Babysitter, was bedeutet, daß wir drei gemeinsam in die Kneipe gehen können. Gespräche und Kontakte werden mit fortgeschrittener Zeit immer unübersichtlicher, der Alkohol tut ein übriges.
Am nächsten Morgen ist Lisa nicht in ihrem Bett! Große Aufregung, Kinder, Mann und Freunde ratlos. Kurz bevor es zum Fischmarkt gehen soll, taucht sie wieder auf, kein schlechtes Gewissen, eher Verlegenheit ausstrahlend. Und wie reagiere ich, hin- und hergerissen zwischen meiner Liebe zu ihr und meinem Mitleid mit ihrem Mann, der auch jetzt nicht tobt, nicht brüllt, der sich duckt und seine Verletztheit zeigt – und dabei weiß, daß seine Frau stärker in der zwangsläufig folgenden Auseinandersetzung sein wird. Trotz aller Aufbruchshektik und Peinlichkeitsriten finde ich die Gelegenheit, sie kurz allein zu sprechen. «Du, ich finde das nicht gut. Es ist was anderes, wenn du allein hier bist, aber so ist es für O. doch zu demütigend.» Und sie akzeptiert die Kritik, verbietet mir nicht die Einmischung und verteidigt sich nicht. «Ja, ich glaube, das war nicht richtig. – Scheiße, ich war einfach zu aufgedreht und zu betrunken.» Und, so kitschig es klingen mag, wir nehmen uns ganz fest in die Arme, verstehen, vertrauen uns.

Heute bietet mir Lisa selbst mit Mann und Kindern die Ersatzfamilie, die ich früher bei ihren Eltern erlebt habe. Sie lebt in einem Vorort von Oslo, arbeitet engagiert als Lehrerin und zeigt in ihren verschiedenen Aufgabenbereichen die früher von mir so verehrten Eigenschaften – maßlose Geduld und Interesse an dem anderen Menschen in einer Intensität, die mir so nie möglich wäre. Die Kinder, ihre Fragen und Interessen werden in jedem Augenblick ernst genommen, sie haben mindestens die gleichen Rechte wie die Eltern, was körperliche Gewalt oder Drohung damit vollkommen ausschließt. Darüber hinaus ist sie mir durch ihre bewußte Parteilichkeit, ihre offene Ablehnung einzelner Menschen wieder näher gekommen. Sie erscheint mir nicht mehr nur als Mensch, dem niemand böse sein kann, den man gern haben muß. Durch ihr Engage-

ment im Kampf um den Erhalt ihrer Schule hat sie sich Feinde gemacht, als sie sich weigerte, taktisch zu handeln.
Wenn ich dort bin, mich in den Rhythmus des Hauses einfüge, besprechen wir schnell derartige Sorgen. Mein Besuch bleibt nicht auf der Höflichkeitsebene stehen, bin ich da, gehöre ich dazu, ordne mich ein und werde integriert. Und nicht nur für die weitreichende Familie ist es selbstverständlich, daß ich dabei bin, auch Lisas Freundeskreis ist mir vertraut und nimmt mich auf.
Ich lebe völlig anders als sie – und doch finden wir immer wieder gleiche Probleme, ähnliche Einschätzungen und eine erstaunliche Übereinstimmung unserer Meinungen und Interessen. Lange Zeit hatte ich das Gefühl, daß ich mehr auf Lisa angewiesen sei als sie auf mich, bin Weihnachten zu ihr geflohen, fühlte mich wie die arme Verwandte, die gern kommen darf, selbst aber kaum besucht wird. Doch in den letzten Jahren sind die Waagschalen ausgeglichen worden, ich kann ihr einen Freiraum bieten, Urlaub von allen Pflichten und eingeschlichenen Normen. Es war ein Geschenk für mich, als sie mich das erste Mal nach ihrer Heirat besuchte, nur für drei Tage, mit dem Flugzeug. Ich wollte ihr so viel zeigen, meine Wohngemeinschaft, Freunde, Demonstrationen, Kneipen und gleichzeitig mit ihr reden, reden, reden.
Diese Stippvisite war etwas Besonderes: Sie war gekommen, obwohl ihre Kinder Mumps hatten, erlebte mit mir pausenlos neue Dinge und entdeckte Hamburg für sich als vollkommenen Gegensatz zu ihrem Alltag. Heute ist unsere Freundschaft ausgewogen, und beide sind wir uns einig, daß die Abschiede so grausam sind, daß wir sie möglichst überspielen. Lisas letzte Worte bei ihrem Besuch in diesem Herbst in Hamburg: «Es ist doch zu gemein, daß wir uns immer trennen müssen, wenn wir gerade wieder zueinander gefunden haben.»

Siebtes Kapitel

In härteren Zeiten

Ich habe den Eindruck, wir jüngeren Frauen beschäftigen uns viel mehr mit dem, was unsere Freundschaften uns bedeuten, als das die ältere Generation tat. Meine Mutter sagt immer «Ihr, mit euren Problemen, mit euren Problemgesprächen!» Früher hat mich das fuchsig gemacht. Heute, weil ich mich ausführlicher mit den Zeiten vor meiner Geburt beschäftigt habe, verstehe ich eher, was sie damit meint. Wenn man die Geschichte von Lore und Rose liest, wird einsichtig, daß die Frauen damals mit Mitte Zwanzig ganz andere Probleme hatten als wir heute: Hunger, Tote, Krieg. Es ist verständlich, daß für alle, die das erlebt haben, unsere Probleme eher verblassen. Ich möchte damals nicht gelebt haben. Und ich möchte nie in eine solche Lebenssituation kommen wie die Generation, die heute alt ist. Trotzdem hat jede Generation die Probleme ihrer Zeit, und die sind für heutige Jugendliche ja nicht gerade gering. Aber kann nicht das relative Luxusleben (im Sinne von Freiheit), das zumindest die heute Dreißigjährigen als Studenten führen konnten, eine große Chance gewesen sein? Nämlich die, daß man in einer ziemlich freiheitlichen Entwicklung, die in den sechziger/siebziger Jahren noch möglich war, private Probleme und Freundschaften so ernst genommen hat, daß man dabei auch gewachsen ist? Auch an der Quälerei, die wir uns manchmal mit dem «Ausdiskutieren» von Psycho- und Beziehungsproblemen gemacht haben, sind wir sicher gewachsen! Wir haben vielleicht, natürlich nicht nur durchs Reden, herausgefunden, wer wirklich Freund und Freundin von uns ist. In härteren Zeiten braucht man Freunde um so mehr, und härtere Zeiten kommen immer sowieso.

Beim Nachdenken über das, was «die beste Freundin» für verschiedene Frauen war, kommt man früher oder später darauf, daß es wohl kein Modell für eine notwendige Entwicklung von Freundschaftsepochen gibt. Nur, daß wir alle vor derselben Ausgangs-Situation standen: Wir hatten alle einmal, und schon früh, die Freundin, die zu uns hielt, als alles gegen uns schien, mit der wir alles zusammen erlebten, gemeinsam durch dick und dünn! Und wir erlebten alle wohl besonders starke Verletzungen, wenn diese Ausschließlichkeit der «Beste-Freundin-Beziehung» weiter beibehalten wurde, in den Jugend- und frühen Erwachsenenjahren.
Es gibt Frauen, die hatten und haben für jede Phase wieder eine «dicke Freundschaft», die engste Freundin, möglichst für alles. Und es gibt Frauen, die haben zwar eine lang gewachsene Freundschaft, die über viele Stolpersteine gegangen ist und gehalten hat, aber eben nicht mehr wie in ganz jungen Jahren alles bedeuten, alles erfüllen muß an Gemeinsamkeitswünschen. Und daneben haben sie ein Netz von engen und lockeren Frauenbeziehungen. Das scheint am besten lebbar zu sein, weil keine Freundschaft überladen wird mit Ansprüchen, zu häufigem Sehen und den Vergleichszwängen.

Alles, was wir hatten, haben wir geteilt

Rose und Lore

Sie waren in den ersten Kriegsjahren um die Zwanzig und arbeiteten als Diakonie-Schwestern im Berliner Martin-Luther-Krankenhaus. Tagsüber hatten sie den üblich anstrengenden Pflegedienst, und nachts schleppten sie die Kranken in den Luftschutzkeller. Zu essen gab es kaum etwas, und dazu kam die Schlaflosigkeit. Da waren sie

froh, als sie im Kriegswinter 1944 nach Neuruppin, einer kleinen Stadt in der Mark Brandenburg, versetzt wurden, wo es keine Fliegerangriffe gab.
Im nachhinein sehen sie diese Zeit so:

Lore: «Als Nachtwache hatten wir, fast noch junge Mädchen, ungefähr sechzig Patienten allein zu versorgen. Und da warst du wirklich allein. Im Notfall konntest du den Arzt rufen, aber das brachte eigentlich selten was. Du mußtest dich eben, wenn ein Patient starb, auch allein um den kümmern. Das ist mir unheimlich schwer geworden. Ich habe da immer sehr große Angst gehabt. Und da konnte ich immer Rose wecken, die half mir dann. Das war ganz toll! Ich war damals neunzehn / zwanzig und hatte nie vorher Umgang mit Kranken gehabt, das war alles nach der Schule ein ziemlicher Schock für mich. Ich könnte mir denken, daß Rose diesen Schritt zur Krankenschwester doch bewußter getan hat. Und auch einen natürlicheren Zugang zu Leben und Tod hatte. Das war für sie nicht so abstrakt.»

Lore hatte sich zur Krankenpflege-Ausbildung entschlossen, weil sie dadurch dem Arbeitsdienst entgehen konnte in einer Zeit, in der Hitlerdeutschland alle Frauen zwangsverpflichtete. Rose war als Pfarrerstochter aus Überzeugung Krankenschwester geworden.
Rose: «Lore war ein Mensch, der den Beruf eher nur so nebenbei machte. Sie war immer sehr schnell und froh, wenn sie alles hinter sich hatte. Das würde sie mir jetzt wahrscheinlich übel nehmen, wenn ich das sage. Aber die Freizeit war ihr immer wichtiger. Da wußte sie immer sofort, was sie machen wollte. Sie las auch sehr viel. Wenn man sie suchte, konnte man sicher sein, daß sie in irgendeinem leerstehenden Zimmer las. Sie mußte immer unbedingt alles lesen. Wenn sie Nachttöpfe zu schrubben hatte, pinnte sie sich mit Tesafilm die Seiten, die sie lesen wollte, über den Ausguß an die Wand. Während ich diesen Beruf wirklich wollte. Ich habe ja auch freiwillig das praktische Jahr gemacht im Krankenhaus, um das Abiturzeugnis damals zu kriegen. Und dabei habe ich herausgefunden, daß mir das wirklich Spaß macht.

Lore und ich waren uns darin allerdings einig: Wir machen das nur bis Dreißig, wenn wir dann keinen Mann gefunden haben, dann schaffen wir uns jede ein Kind an. Wir wollten nicht in diesem Frauenklub bis an unser Lebensende versauern. Dieses Rivalisierende unter Frauen fanden wir so furchtbar, denn wir wurden immer schief angeguckt, wenn wir mal mit einem Arzt oder einem Patienten privat redeten.»

Die Freundschaft zwischen den beiden Frauen ist eigentlich erst in Neuruppin, als sie als zwei «evakuierte Berlinerinnen» in einem Zimmer schliefen, zustande gekommen. Und ein Erlebnis hat die beiden besonders verbunden. Zur selben Zeit hatten beide einen Freund. Lore ihre erste Liebe überhaupt und Rose die erste ernsthafte. Rose als Verwaltungsschwester hatte durch ihre guten Kontakte zur Stadt immer ein Zimmer für den regelmäßigen Herrenbesuch oder die Tête-à-têtes zu viert gefunden, die trotz absoluter Nahrungsmittelknappheit höchst gemütlich und lustig verliefen. Doch einmal klappte es nicht so gut. Roses Freund wurde ins Nachtschwesternzimmer gelotst, und Lore, die eigentlich in diesem Zimmer nachts Bereitschaft hatte, schlief im großen Schwesternsaal. Das Pech wollte es, daß die Oberschwester kam und Lore im falschen Zimmer sah, schnurstracks zum Nachtwachenzimmer schritt und heftig an der Tür rüttelte, als Rose und ihr Liebhaber gerade ihr Frühstück nahmen. Als nicht geöffnet wurde, ging die Oberin wutschnaubend den Schlosser verständigen. In der Zeit schlüpfte das Paar aus dem Zimmer, verbrachte den Tag mit einem Ausflug auf dem Land und kehrte erst abends reumütig zurück. Der schon altersmäßig etwas gesetztere Herrenbesuch entschuldigte sich förmlich für das ungebührliche Benehmen. Aber es nützte nichts. Der Skandal, von der Krankenhausleitung wichtiger eingeschätzt als alles andere, was im zugespitzten Kriegsverlauf geschah, wurde der Zentrale gemeldet – und es gab kein Pardon.
Das Ganze geschah Ende März 1945, also wirklich unmittelbar vor der Befreiung durch die Siegermächte.

Lore: «Wir wurden behandelt wie Schwerverbrecher. Einige Mitschwestern fanden uns auch unmöglich, aber die meisten wußten, daß wir da etwas lockerer waren. Das Schlimmste waren die Oberen, aus Berlin kam extra die Oberin zum Kreuzverhör angereist. Und danach waren wir überhaupt nicht mehr motiviert, für diesen blöden Verein zu arbeiten. Schon wenn man eine Zigarette rauchte, war das unmoralisch. Also, wir hatten das gründlich satt!»

Trotz aller Unannehmlichkeiten – ein Gutes hatte das Erlebnis doch: Es hatte die beiden Freundinnen zu einer Art verschworener Gemeinschaft gemacht, sie hatten sich auch im Kreuzverhör nicht auseinanderdividieren lassen. Roses Vater wurde die Schandtat auch zugetragen, auch, daß die böse Lore die eigentliche Drahtzieherin war, die die Pastorentochter verderbe.
Zum unerträglichen Klima im Krankenhaus kam hinzu, daß jetzt im März die sowjetische Armee kurz vor Neuruppin stand, und die Angst vor den Russen, aber auch die Sorge um die Verwandten ließ die beiden Frauen mit einem entwendeten Dienstfahrrad das Weite Richtung Westen suchen. Lore steuerte gleich ihre Familie in Lübeck an, und Rose machte noch auf dem Weg halt bei ihren Verwandten in der Mark Brandenburg. Sie trafen sich wieder in Lübeck, auf dem Sofa von Lores Bruderfamilie. Kopf an Fuß schliefen sie auf diesem Sofa. Und steuerten morgens auf dem Herrenfahrrad des Bruders zum Roten-Kreuz-Krankenhaus von Lübeck. Rose fuhr, und Lore saß auf der Stange. Und der Krieg? Der war inzwischen aus, und beide konnten es kaum glauben.

Lore: «Das war so unwahrscheinlich, daß der Krieg nun zu Ende war – das kann man sich gar nicht vorstellen! Daß es plötzlich keine Fliegerangriffe mehr gab! Es war wunderschön: Mai – die Sonne schien, wir fuhren zum Krankenhaus, das ziemlich weit draußen lag. Rose arbeitete in einer Ausländerbaracke, wo all die ehemaligen Fremdarbeiter untergebracht waren. Sie hat dann Tee oder Schokolade von den Patienten geschenkt bekommen. Meine Geschwister hatten Mehl oder Margarine organisiert, und dann hat man einen Kuchen gebacken. Es war herrlich!»

Nach diesem Aufenthalt in den ersten Friedensmonaten kommen die beiden über Umwegen nach Hamburg. Ein Bildhauer, Jürgen Block, bei dem sie einmal überraschend übernachtet hatten, weil Sperrstunde war und sie eines Abends nicht vor zehn Uhr in einer Sammelunterkunft angekommen waren, hatte für sie eine Anstellung im städtischen Krankenhaus Heidberg besorgt. Beide waren ausgehungert, nicht nur magenmäßig, sondern auch nach Kultur und Amüsement. Und jetzt beginnt eine aufregende, für ihr bisheriges Leben die freieste Zeit. Denn eigentlich beginnt, nach all der frühen Verantwortung durch den Krieg, erst jetzt ihre Jugend. Der Bildhauer hat einen kulturellen Zirkel mit Schauspielern und Künstlern, den Block-Kreis gegründet, in den werden sie aufgenommen.

Dort wird Literatur, die bisher nicht zu bekommen war, vorgelesen, besonders amerikanische, die ersten Rowohlt-Rotations-Romane. Man geht in die ersten Nachkriegs-Ausstellungen, ehemals verbotene Künstler werden vorgeführt. Die ersten kleinen Theaterabende finden statt. Und – es wird getanzt: Swing, nach der im Krieg verbotenen Musik aus Amerika.

Lore: «Alles was wir hatten, haben wir geteilt. Auch in dieser Zeit, wo es wieder nur ganz wenig zu essen gab. Da war Rose ganz toll drin. Weil sie so ansprechend war, kriegte sie furchtbar viel geschenkt. Ja, und dann gab es die berühmten Block-Feste – er hatte ja sein Atelier, in dem er Kirchenfiguren restaurierte. Da wurden dann die Engel beiseite geräumt. Jeder brachte was zu trinken mit, irgendwelches Zeug, selbstgebrautes oder eben auch organisiertes. Und Block spendierte einen Kessel Erbsensuppe. Um zehn war Sperrstunde, da durfte keiner mehr auf die Straße. Wir machten dann durch bis sechs. Da haben wir endlich wieder getanzt! Rose hatte ja schon ein bißchen vor der Berufszeit erlebt, aber für mich war das ganz was Neues. Eine feste Liaison hatten wir in der Zeit nicht. Das war alles eigentlich ganz lose, unheimlich nett. Rose war allerdings ihre Neuruppiner Liebe näher gegangen, dem trauerte sie schon mehr nach als ich meinem. Aber sie konnte sich trotzdem amüsieren, sie war kein Trauerkloß. Sie hatte einen unheimlichen

Charme, hatte großen Anklang. Wenn wir dann zu dem ersten Faschingsfest gingen, machte ich vorher mit ihr ab: ‹Rose, also der oder der ist für mich. Ja? An den gehst du nicht!› Das wurde vorher genau aufgeteilt. Und klappte auch ganz gut. Rose flirtete sonst nämlich mit allen, die legte sich nicht fest.»

Rose: «Ich hätte mich nie an jemanden rangemacht, von dem ich gewußt hätte, daß sie sich für ihn interessiert. Da hatten wir nie gefährliche Situationen.»

Da sind sie sich also völlig einig, auch im Rückblick noch. Wenn sie über ihre Gefühle zueinander reden, damals, aber auch heute, entsteht ein sehr offenes Bild, ein immer wieder verschiebbares Puzzle fast.

Rose: «Ich hatte immer das Gefühl, daß sie mich besonders brauchte in Sachen, die ihr lästig waren. In praktischen Dingen eher: so Paket packen und Strümpfe stopfen. Sie genoß eben gern ihre Freizeit und hatte unter ihrer Bettüberdecke all ihre Stopfsachen versteckt. Und wenn der Berg zu hoch wurde, dann sagte sie: ‹Ach Rose, kannst du nicht jetzt mal wieder? Ich will doch ins Theater!› Und dann habe ich mich hingesetzt und alle ihre Strümpfe gestopft. Das hat mir aber Spaß gemacht! Weil ich sie einfach sehr gern mochte. Ich mochte sie sehr, sehr gern. Aber nicht unbedingt, daß ich mich an ihr orientiert hätte. Das könnte ich nicht sagen. Sie war ja immer so eine Kleine, sie mußte auch beschützt werden. Sie hatte entsetzliche Angst bei den Luftangriffen. Da mußte ich sie immer trösten.»

Lore: «Rose war eigentlich die Vitalere. Auch mit der sehr viel stärkeren Ausstrahlung. Ich war immer so etwas im Schatten. Aber ich fand sie einfach klasse! Sie riß mich mit. Und es war einfach ... ja, ne absolut zuverlässige Kumpelei. Ich war eher noch unterentwickelt, hatte noch nichts mit Männern erlebt und kam aus einem Frauenhaushalt. Wie Rose das so alles mit links machte, das habe ich unheimlich bewundert. Das fand ich ganz toll! Rose war sehr beliebt. Sie hatte eine sehr positive Ausstrahlung, war immer guter

Laune, war unheimlich mitreißend. Es gab eben nichts, was man nicht teilte und was man nicht zusammen bequatscht und bekichert hat.»

Bei *Rose* sieht das eher widersprüchlich im Rückblick aus: «Ich glaube, ich brauchte trotz dieser harten Zeit niemanden, der mich stützte. Ich suchte niemanden, der mir beistand. Ich glaube, ich hatte sehr viel mit mir selbst zu tun. Ich hab wohl meine Erlebnisse erzählt, aber im größeren Kreis, nicht so jemandem allein. Lore hab ich allerdings sehr viel erzählt. Sie hat vielleicht ein bißchen weniger erzählt. Ein bißchen.
Ich glaube, daß mich doch sehr bei ihr anzog, daß sie so viel las und so viel über Theater Bescheid wußte – sie imponierte mir irgendwo sehr. Sie war ja auch eine der weltlichsten unter den Diakonieschwestern, wo wir doch immer nur in Tracht weggehen durften. Sie überspielte das einfach so, daß sie irgendwann abends mit Pelz und Sonnenbrille durch die Pforte wie ein Besucher verschwand, weil sie sich zu irgendeinem Theaterbesuch verabredet hatte, wo sie nicht in Tracht aufkreuzen wollte ... Lore hatte immer ihre eigenen Unternehmungen. Sie hatte in Berlin auch gar nicht die Lust, mit irgendeiner Schwester zusammen irgendwohin zu gehen. Daß wir so viel später zusammen machten, ist wohl erst dadurch gekommen, daß wir uns in Neuruppin gleichzeitig verliebten.»

Inzwischen waren beide junge Frauen mit Lebenserfahrung, Rose 25, und Lore 23. Und eines Tages kam ein männliches Freundespaar an dasselbe Krankenhaus, der blonde Wulf und der schwarze Kurt-Alfons. Und es kam, wie es kommen mußte: Wulf verliebte sich in Rose, sie sich auch sofort in ihn. Kurt-Alfons zeigte Interesse an Lore und die, wenn auch zögernd, an ihm.
Und irgendwann gab es am Krankenhaus zwei Paare, den Stationsarzt Wulf mit der Stationsschwester Rose, den Professoren-Assi Kurt-Alfons mit der assistierenden Schwester Lore.

Lore: «Und wie das eben oft in Frauenfreundschaften so ist, sobald die eigentlichen Männer auftauchten, wurden die Beziehungen unter den Frauen loser. Der Block-Kreis war für Rose dann nicht mehr so interessant. Sie ging mit Wulf in einen anderen Kreis, den Zirkel um Frau Dr. Albrecht. Wulfs Eltern lebten auch in Hamburg, zu denen hatte sie dann sehr rasch guten Kontakt. Und da Wulf sehr anregend war in punkto Theater und Konzerte, war sie da einfach zeitlich so okkupiert, daß für uns nicht mehr viel übrigblieb. Wir hatten zwar noch ein Zimmer zusammen, aber sahen uns nicht mehr sehr häufig. Das ging alles so allmählich, daß man es gar nicht so im Augenblick merkte. Mir ging es selbst ja ähnlich. Ich habe noch sehr lange Kontakt zur Block-Gruppe gehalten, weil ich eben dort meinen Nachholbedarf stillen konnte. Die Liebe zu Kurt-Alfons war eigentlich eher nebenherlaufend. Tagsüber dachte ich gar nicht so daran. Wenn er dann abends aufkreuzte, dann realisierte ich das erst, weil es im Grunde meine erste intensive Bindung war. Ich war sehr zögernd. Nicht so mit fliegenden Fahnen. Es kam auch gar nicht zu sehr intensiven außerhäusigen Begegnungen. Kurt-Alfons ging zwar auch in den Kreis, in dem Rose mit Wulf jetzt war. Aber ich nicht. Rose war auch kontaktfreudiger als ich. Für sie war das alles viel einfacher. Ich mochte auch die Frau Albrecht, um die der Kreis gruppiert war, aber es war für mich immer etwas schwieriger mit neuen Menschen.»

Rose: «Lore war nicht schüchtern, nein. Jedenfalls hatte ich nie das Gefühl. Sie war immer sehr sicher. Sie war sehr fix im Denken. Sie war sicher 'nen ganzen Schwung klüger als ich. Und auch eher bedacht darauf, das zu fördern. Während ich das nicht so tat. Und – sie war wahrscheinlich ironischer. Ja, immer. Das war sicher auch ein Punkt, der mir imponierte. Und das ist wahrscheinlich ein Punkt, in dem ich sie auch heute noch nicht so hundertprozentig verstehe. Oder mich nicht einfühlen kann. Ich brauche immer einen kleinen Anlauf, wenn ich bei ihr bin, bis es wieder so ist wie früher. Weil diese gewisse Reserviertheit ja doch bei ihr ist. Die Zuneigung war sicher immer von mir ausgehend, ohne Frage!
Ich bin in dem Moment allerdings, als ich heiratete, ja eigentlich völlig aus ihrem Blickfeld verschwunden. Dadurch, daß ich in die neue Familie reinkam und gar keinen Kontakt zum Krankenhaus

mehr hatte. Ich wollte auch nicht immer dahin gehen, wo Wulf arbeitete, auch später nicht.»

Lore: «Rose war dann auch so von Wulf belegt, daß sie mich nicht in den neuen Kreis mit reinzog wie sonst. Wahrscheinlich hatte sie auch das Gefühl, Gott, Lore hat ja jetzt den Kurt-Alfons, das ist ja jetzt gar nicht mehr so wichtig. Es war plötzlich nicht mehr diese Ausschließlichkeit, die wir die ganzen Jahre vorher hatten. Da hatten wir ja auch mal was mit diesem und jenem. Aber wir waren das Zentrum! Wir waren da sicher auch unterschiedlich: Rose so hundertprozentig für Wulf und ich immer noch abwartend, zögernd. Ich traute mir eigentlich auch nicht ganz. Wußte für mich selber nicht genau, ob das jetzt der Richtige ist, oder ob ich nicht noch mal ein bißchen warten soll. Darüber haben wir Frauen dann aber nicht mehr geredet. Nein. Das habe ich damals aber selbst auch nicht als Mangel empfunden. Daß sie abdriftete – dabei hatte ich bis dahin das Gefühl gehabt: Ich bin der wichtigste Mensch für Rose! Und das war weg. Diese Intensität ist es nie wieder geworden. Von mir aus nicht. Ich weiß nicht, wie Rose das empfindet oder empfunden hat. Dieses wirklich absolute Vertrauen, das hat es nie wieder gegeben. Es war dann einfach so, daß zwei Lebenskreise, die ähnlich waren, sich berührten: die Kinder, der Beruf der Männer. Aber es war nicht mehr so, daß zwei Menschen da sind, und dann der Lebenskreis drumherum. Das war's nicht mehr.

Ich hätte mir für mich vorstellen können, daß wir noch weiter ein solches Zentrum bilden, aber ich weiß auch, daß ich in meinen Ansprüchen zu total bin. Das ist sicher auch Egoismus gewesen.

Als wir verheiratet waren, hat Kurt-Alfons versucht, unsere Frauenfreundschaft in seinem Sinne, für sich, zu regulieren. Es hat ihn was gestört daran, schon wenn Rose und ich zusammen waren: Ein Stichwort, und dann kicherten wir, lachten uns halbtot. Das waren Erinnerungen, an denen hatte er keinen Anteil, und das machte ihm was aus. Und da hat er eben versucht, Rose etwas mies zu machen. Er hat sie auch teilweise ganz schön mies behandelt. Arrogant. Das ist heute anders. Die Vertrautheit, die wir trotz allem noch über Jahre hatten, hat ihn gestört. Für mich war das ganz schön blöde. Aber das ist eben das, was man früher nicht gemacht hat, Rose und ich sprachen uns nicht darüber aus. Hätte ich gewußt, daß Rose das auch merkt, wie Kurt-Alfons mit unserer Freundschaft umgeht, hätte ich mich auch ihm gegenüber ganz anders durchsetzen können.»

Rose: «Ich bin ja doch eher so, daß ich diese problemhaften Sachen nie so gemerkt habe oder besprochen. Da bin ich wohl so drüber weggegangen. Erinner ich auch gar nicht mehr, daß es irgendwelche Probleme gab ...»

Lore: «Sie hat meinen Rückzug wahrscheinlich gar nicht wahrgenommen. Wie ich nicht wahrgenommen hatte, daß sie in dem Albrecht-Kreis auch nicht recht glücklich war. Ich hatte damals das Gefühl, daß Rose eben ganz gern abdriftet. Daß sie eben so eingesponnen ist in diesen Kreis um Wulf und die anderen ... Schade eigentlich um Jahre, um Chancen, die man vertan hat. Irgendwas war zerstört. Auch, obwohl wir nochmal zusammen waren mit unseren kleinen Söhnen, als die Männer woanders waren. Wir haben zwar ernsthaft über ihr Schicksal mit Wulf geredet, aber irgend etwas war nicht mehr da. Es war eigentlich eine sehr schwierige Entwicklung für Rose gewesen: von einem absolut sonnigen, siegesbewußten Jugenddasein in eine doch sehr schwierige Ehe. Was sie vielleicht auch nie so ganz wahrhaben wollte, denn sie verdrängte das dann ja auch eher. Sagte, ach, das ist gar nicht so ernst, der spinnt eben ...
Ich hätte das nicht gekonnt, ich bin dafür nicht geschaffen. Ratschläge aber haben wir uns gegenseitig nicht gegeben. Das hätte Rose auch nicht akzeptiert. Da sie immer die Federführende war, immer die Mächtigere und die Bessere, hätte ich das auch nicht gewagt. Ich finde auch heute, daß man kein Recht dazu hat, wenn man nicht drum gefragt wird.
Eigentlich ist Rose schon meine einzige Freundin. Aber man muß sich darüber im klaren sein, daß man bei ihr nur eine unter vielen ist.»

Wie gut, eine Freundin zu haben

von

Ingeborg Küster

Es passierte erst, als Anni schon tot war. Von einem bösen Omen konnte dabei keine Rede sein. Immer wieder fand ich mich während des Zweiten Weltkrieges unterwegs, von Bomben vertrieben. An der linken Hand die kleine Tochter, rechts einen Koffer mit dem Nötigsten. Dazu gehörte auch eine Fotografie meiner verstorbenen Freundin Anni, hinter Glas in einem Rahmen. Oft wurde in Hast und ohne Sorgfalt gepackt, so ging der Rahmen mit Glas zu Bruch. Ein Splitter zerschnitt das liebe Gesicht: Es sah aus wie eine klaffende Wunde.
Ich bemühte mich, das Foto vom Glas zu lösen und kunstvoll zusammenzukleben, aber irgendeine Flüssigkeit hatte beides miteinander verbunden. Es gelang nur unvollkommen. 1942, drei Jahre nach Annis Tod, rief nun gerade das zerstörte Foto, das ich aus dem Koffer geholt hatte, nicht nur den Schmerz um den Verlust der Freundin, sondern auch das wieder in Erinnerung, was ihr angetan worden war.

Ich wurde 1928 an meinem neuen Arbeitsplatz in einer mir fremden Stadt den Kollegen, darunter auch Anni, vorgestellt. Sofort gefiel sie mir. Ich war noch achtzehn, Anni ein paar Jahre älter. Wir arbeiteten in diesem Büro den Erfordernissen entsprechend eng zusammen. Es wurde uns viel abgefordert, und da freute es mich, daß sich Anni und unser Kollege Walter wie selbstverständlich manchmal Freiraum verschafften. Sie fochten Duelle aus mit Linealen. Annis braune, aber nicht dunkle Augen blitzten. Sie hatte lange, schlanke Beine und bewegte sich geschmeidig. «Anmutig» hätten wir es damals genannt. Ihr warmes Lächeln, das herzliche Lachen, schöne Zähne – dieser Anblick erfreute mich. Es wurde im Büro sehr frei gesprochen, da gab es wenig Tabus. Das störte mich keineswegs, aber ich empfand es als ärgerlich, daß man mir an Erfahrung so

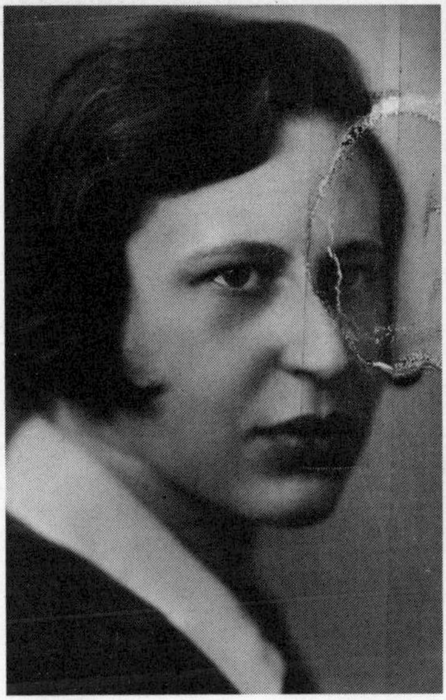 

weit voraus war. Meine Seufzer darüber brachten Anni zum Lachen. Wie ich las sie sehr viel, aber Bücherweisheiten genügten ihr nicht. Ich wollte wie sie sein. Kurz nach meinem neunzehnten Geburtstag, ich glaubte mich verliebt, verabredete ich mich zu einem Rendezvous. Anni stimmte es sehr heiter, als ich sie bat, «die letzten Stunden» vor Abfahrt des Zuges mit mir zu verbringen. «Aber es ist doch keine Beerdigung!» sprach sie mir Mut zu. Wie gut, eine Freundin zu haben.

Eines Tages kam Anni mit einer bösen, blutigen Schramme, die quer über ihr Gesicht verlief, ins Büro. Die Mutter, bigott und Angehörige einer Sekte, hatte vermutet, daß Anni schwanger war. Kreischend hatte sie Anni mit dem Feuerhaken bedroht. Sie hätte die Tochter damit erschlagen können. Ein Hieb hatte Annis schön geschwungene Nase verletzt. Mitleid mit ihr überschwemmte uns. Walter und ich kühlten das geschundene Gesicht. Das erste und das letzte Mal sah ich Anni weinen.

Einige Tage später stellte sich heraus, daß sie gar nicht schwanger war, aber wir ahnten nun, welchen Preis sie beinahe hätte bezahlen müssen. Ein Jahr lang sahen wir uns täglich acht Stunden an sechs Arbeitstagen. Wir trafen uns kaum nach Feierabend. Aber eines Tages saßen wir doch in einem Café, schweigend. Ich spürte Annis Blick, der liebevoll und nachdenklich war. Dann sagte sie: «Ich kann mir gar nicht vorstellen, daß es einen Mann geben kann, der sich nicht in dich verliebt.» Sie hatte es fast gleichmütig gesagt, es machte mich verlegen. «Man sollte meinen, du seist in mich verliebt!» lachte ich etwas nervös und albern. «Hast du gemerkt, Inge, daß wir es vermeiden, uns zu berühren, auch bei der Arbeit? Warum gehen wir nicht eingehakt miteinander wie andere Mädchen?»
Mir war das auch aufgefallen. Es fehlten auch die kleinen Berührungen bei unseren Gesprächen – ein Schubs, ein Klaps, nichtssagende Frozzeleien. Ich liebte doch dieses Mädchen Anni, aber was für eine Art Liebe war das?
Anni sagte ruhig und wie endgültig: «Lassen wir es so, wie es ist.» Ich fand es gut, anderes hätte mich erschreckt.

1929 zog ich nach Berlin. Ich war dort bei der Deutschen Friedensgesellschaft tätig. Wir schrieben uns. Brieflich war ich Anni näher denn je.
Wir trafen uns wieder anläßlich einer großen Veranstaltung mit einem international bekannten Redner aus der Arbeiterbewegung. Genauer: es war Edo Fimmen, Leiter der Internationalen Transportarbeiter-Föderation in Amsterdam. Vorher spazierte ich mit Anni, aufgeregt über dieses Wiedersehen, in den Anlagen des Palmengartens in Frankfurt. Sie blieb plötzlich stehen und sagte, kaum hörbar: «Inge, ich bin schwanger.» Sofort stand die Szene im Büro wieder vor mir: Anni mit dem mißhandelten Gesicht. Aber so verzweifelt wie jetzt in Frankfurt hatte ich sie noch nie gesehen. Keine Tränen. Sie war wie erstarrt. Ich bat sie zu warten, und lief in den großen, schon voll besetzten Saal, fand den einzigen Arzt dort, mit dem wir befreundet waren, und holte ihn nach draußen. Als er hörte, um was es ging, war er freundlich, vergaß wie wir die großen Erwartungen vor dieser Rede und ging selbst fort, um in einer Apo-

theke, die Notdienst hatte, ein Medikament zu holen. Er kam noch rechtzeitig zu einem Teil des Vortrags, aber ich ging mit Anni ins Hotel und lag in dem schmalen Bett neben ihr. Es gab keine Berührungsängste mehr, nur die gemeinsame Furcht vor Annis Mutter, die im Namen Gottes zu allem fähig war. Der Abend zog sich in die Länge, in der Nacht schliefen wir nicht. Nichts. Am Morgen mußten wir uns trennen. Ich hatte Sekretärinnen-Pflichten, und Anni mußte zurück nach Wiesbaden in ihr Büro. Aber sie ging nicht dorthin, sondern zu einem jungen jüdischen Arzt, der sich großer Beliebtheit erfreute, wenn er auch bisher völlig unzugänglich gewesen war für Eingriffe bei Schwangerschaften. Dieses eine Mal gehorchte er seinem Herzen angesichts der trostlosen Verzweiflung und der Möglichkeit, daß die Mutter vielleicht nicht einmal vor einem Totschlag zurückschrecken würde. Er nahm von Anni keinen Pfennig, war auch durch keine Kasse abgesichert. Nur Annis Wort konnte ihn vor eigenem Desaster bewahren.

Mit Anni blieb ich weiterhin in Verbindung, brieflich. Das heißt, ich war die Briefschreiberin, Anni bevorzugte das Telefon. Ich heiratete 1939, zog nach Hannover, erwartete mein erstes Kind. Ich war glücklich, soweit es meinen engen privaten Rahmen anging.
Da mir während der Schwangerschaft oft morgens übel war, blieb ich länger im Bett liegen. Mein Mann war schon im Dienst, und die Zimmerwirtin brachte mir die Post ans Bett.
Mitte Februar 1939 war darunter ein Umschlag mit Trauerrand. Ich sah erschreckt den Stempel Wiesbaden und hoffte sehr, daß nicht Annis Vater verstorben war, den sie sehr liebte. Zögernd öffnete ich den Umschlag.
Es war Anni, die tot war.
Der Schmerz überfiel mich mit einer solchen Wucht, daß ich als Rettungsanker an mein Kind dachte und daran, welche Auswirkung eine solche Erschütterung haben könnte, daß Annis Tod nicht das ungeborene Leben gefährden dürfte. Ich mußte versuchen, diesen Kummer auf einer anderen, einer höheren Ebene auszutragen. Der Instinkt der werdenden Mutter war stärker als das Bewußtsein eines unersetzlichen Verlustes.

Fünf Monate später schon sollte ich erleben, daß ich mich Anni in einer ganz besonders intensiven Beziehung zuwandte.

Ich wurde nach der Geburt meines Kindes schwer krank und geriet Mitte Juli 1939 in die Nähe des Todes. Nach wochenlang anhaltendem Fieber und zwei erfolglosen Operationen wurde wegen der eingetretenen Sepsis mein Zustand hoffnungslos. Wieder unternahm man in der Klinik einen Eingriff, aber am Abend brachte man mich, wie es üblich war, als Sterbende in ein Badezimmer. Ich hatte bis dahin nicht die Fähigkeit, zu denken und zu kämpfen, verloren. Erst in der der neuen Operation unmittelbar vorangehenden Nacht kam ich mir wie eine zum Tode Verurteilte vor. Auf Zetteln aus meinem Kalender schrieb ich Abschiedsworte an meinen Mann, der mir erst 1938 nach langen Jahren im Konzentrationslager zurückgegeben worden war, an mein Kind, das ich so sehnlich erwartet hatte und schon so bald nach der Geburt bei meiner Schwester in Pflege geben mußte. Auch meiner Eltern und Geschwister gedachte ich.
Im Badezimmer des Krankenhauses war ich so weit, daß ich mich resigniert und gefaßt in mein Schicksal ergab. Und hier begann ich, mich Anni zuzuwenden. Nicht in einer Form von Mystifikation. Ich dachte an den Morgen vor fünf Monaten zurück, als ich so brutal durch eine Todesanzeige erfuhr, daß es Anni nicht mehr gab. Sie hatte wie ich Abschied vom Leben und Erleben nehmen müssen. Beide hatten wir voller Erwartungen unser drittes Lebensjahrzehnt begrüßt. Das Sterben war jenseits aller Vorstellungen gewesen. Wie hatte Anni, von der ich noch nicht wußte, wie sie gestorben war, das Unabänderliche hingenommen? Hatte auch sie dann einen Punkt erreicht, an dem sie den Kampf nicht mehr fortführen wollte?
Darüber habe ich besonders stark nachgedacht, anfänglich erschöpft und hinfällig. Aber diese Überlegung brachte mich auch zu der Frage, ob ich denn wirklich hier im Badezimmer sterben sollte. In der sterilen Umgebung, in der alles für den Ernstfall vorbereitet war. Die Schwestern hatten sich in einem Flüstern verständigt, das ich mit geschärften Sinnen in seinem Wortlaut begriff. Da war das gefühllose Stück berufsmäßiger Nachtwache, die kein gutes Wort für mich gefunden hatte – nein, dachte ich empört: *Hier* will ich nicht sterben! Ich

will nicht! Und bäumte mich auf gegen mein Schicksal, ich tobte mit den mir noch verbliebenen Kräften. Und alle Ärzte im Dienst versammelten sich. Ich überlebte, war aber lange noch gefährdet. Meine beinahe letzten Stunden waren ein Gespräch mit Anni gewesen. Danach konnte mir keine andere Freundin Anni ersetzen.

Erst 1948 fuhr ich nach Wiesbaden und besuchte Annis Vater, der in der Zwischenzeit seinen Sohn, die Schwiegertochter und die eigene Frau verloren hatte, durch Krankheit und Selbstmord. Ich traf den Vater in seinem Garten. Dort sah ich einen alten, gebeugten Mann auf einem Stuhl. Er blickte auf die Bäume, über die Beete, die sorgsam gepflegt waren. Als ich vor ihm stand, nahm er mich kaum wahr. Den Jahren nach war er noch nicht alt. Ein zerstörter Mensch. Er erinnerte sich aber meiner Freundschaft mit Anni. Auf meine Fragen antwortete er. Bis auf die eine: warum er mir trotz wiederholt drängender Bitten nie geschrieben habe, woran Anni denn gestorben war. Endlich war er bereit, es mir zu sagen: Anni war an einer vereiterten Blinddarmentzündung zugrunde gegangen. Sie hatte Untertemperatur gehabt. Die Mutter nahm den elenden Zustand der Tochter nicht ernst und weigerte sich, aus religiösen Gründen, einen Arzt zu holen. Niemals hatte sich der Vater gegen diese Frau durchsetzen können. «Wissen Sie», sagte er ganz ruhig, «ich bin ja schuldig. Ja, das bin ich. Warum habe ich denn nicht den Arzt geholt, als meine Tochter dalag und keiner ihr half? Meine Frau sagte immer wieder, Anni sei ja fieberfrei. Auch ich habe nicht gewußt, daß Untertemperatur so gefährlich ist. Da sagte die Frau auch, es könnte doch gar nichts passieren, Anni würde ohne Arzt wieder gesund.»

Schweigen. Annis Vater sah nun hoch und mich an, aber ich fühlte mich nicht persönlich angesprochen. «Wissen Sie, damals hab ich nicht aufgepaßt und habe Wichtiges versäumt. Das soll mir nicht wieder passieren.» Er sah direkt ein bißchen listig aus. «Seitdem» – es waren ja nun neun Jahre vergangen – «stehe ich jeden Morgen um fünf Uhr auf. Nein, nein, ich will nichts wieder versäumen.»

Ich bin danach fortgegangen. So war also Annis Vater der einzige Überlebende dieser Familie, wenn man überhaupt sagen konnte, daß er noch «lebte».

Achtes Kapitel

Jahre im Augenblick

18-99

Uhr
zum
Mitmachen!

Neuntes Kapitel

Reden statt Erleben

Es gibt eine Merkwürdigkeit unter Frauen, über die ich als Unternehmungslustige schon früh gestolpert bin, nämlich daß sie lieber zusammenhocken und reden, statt etwas Schönes zu unternehmen. Woher mag das kommen? Wir leben ja nicht im Islam, wo Frauen sich nur im Harem treffen können, wir leben in einer Welt, in der es doch Riesenspaß machen kann, als Frauen zusammen wegzugehen. Und: Woher kommt das manchmal fast unerträgliche Reden-Müssen, das Reden als gegenseitige Bestätigung des Leidens?

Gut, irgendwo wissen wir es alle: die feindliche Umwelt, die wenigen Inseln für Frauen, die wenigen Orte, wo sie so sein können, wie sie sich fühlen. Aber man kann sich doch auch Orte erobern oder sie zusammen auflockern, gar verändern! Das geht doch wirklich gemeinsam besser. Im Beruf und Achtstundenalltag fällt das ja schwerer. Aber abends könnte doch die Stunde der Frauen kommen …

Es hängt wohl damit zusammen, daß das Zu-Hause-Sitzen und Übers-gemeinsame-Leid-Reden die Glocke über einem sichert, daß es beiden ja gleich schlecht geht. Wenn Frauen zusammen etwas unternehmen, würde sich schneller herausstellen, wie unterschiedlich sie auftreten, wie unterschiedlich sie sich in der Kneipe, im Café, im Theater oder der Musikveranstaltung fühlen, wie unterschiedlich auf sie reagiert wird. Da könnte es Männer geben, die sich nur für die eine interessieren; da könnte die eine doch einfach anfangen, zu flirten! Konkurrenz liegt in der Luft. Und die macht ja bekanntermaßen Angst. Die schaltet man zu Hause aus. Auch um den Preis der Langeweile vielleicht. Die Langeweile aber, die meist die eine zuerst verspürt, ist es dann, die die Beziehung ungleich werden läßt und langsam der Grund zur Abwendung werden kann. Einer dann wieder undurchschaubaren, weil nicht ausgesprochenen Abwendung. Also fehlte der Freundschaft der Mut zum Risiko. Zu dem Risiko, sich in veränderten, vielleicht ungeklärten Situationen zu verhalten, sich auf für beide fremdem Terrain kennenzulernen. Die berühmte Distanz, die erst die Beobachtung und das Erkennen ermöglicht! Erzählen kann man ja viel. Aber im Auftreten, im Handeln zeigen wir doch oft erst, wer wir sind. Und davor hat die Frau vielleicht Angst, die den Schutz der Freundin, den Rat, die Gleichheit braucht. Bei vielen Frauen ist das – ich nenne es mal wie ich es spüre – Gejammere, das inflationäre Ausquatschen und Durchhecheln sogar die vermeintliche Grundlage der Freundschaft. Aber irgendwann erkennen sie bitter, daß es eigentlich gar keine Grundlage gibt. Weder, wenn die eine immer ganz Ohr und die andere der Mund ist, noch wenn beide eigentlich immer nur auf Stichwort («Bei mir ist das auch so») Belege zum Thema liefern: Wir sind eigentlich immer nur angeschmiert, dabei sind wir doch so toll! Das bekommt dann das unerträglich Kreisende in den Gesprächen unter manchen Freundinnen, in diesem Kreisen ist notwendig keine Vorwärtsbewegung, denn es fehlt die Provokation: «Überleg doch mal, was *du* dazu beiträgst!» – oder: «Bei mir ist das aber nicht so.» Oder: «Dies Verhalten kenne ich eher von meinem Freund.» Irgendwann muß auch dem Ohr einfach mal gekündigt werden, weil sonst die Freundin nie den Schritt tut, sich im Alltag zu verändern. Sie lädt nur immer Ballast ab, um im Alltag die gewohnten Bahnen weiter zu befahren. Reden statt handeln kann zu einer Lähmung im Leben führen, die dann auch eine Lähmung in der Freundschaft mit sich bringt. Ein Kreis, der sich schließt: Erst wird die Freundschaft dazu benutzt, die Außenstarre erträglich zu machen: Reden statt Neues zu erleben. Dann überträgt sich die Starre auch auf die Freundschaft, und die Frau, die sich nicht verändern wollte, fühlt sich allein und verraten. Vielleicht fängt dann spätestens die notwendige Veränderung an. Ich plädiere auch aus egoistischem Interesse für mehr Leben in Frauenfreundschaften, das heißt für mehr Mut in risikoreiche Unternehmungen: unterhaltender *und* arbeitsmäßiger Art.

Jetzt muß mal Schluß sein mit den Ungeheuern!

von
Ruth-Esther Geiger

Und zwar nicht mit den Immergleichen, mit Namen Hans. Die kennen wir inzwischen und versuchen, sie zu ignorieren. Heute rede ich über andere Ungeheuer.
Über Freundinnen, die jede hat, nennen wir sie Gertrud. Sie kommen in unser Zimmer, werfen sich auf eine Sitzgelegenheit und schaffen es minutenschnell, ins Zentrum vorzustoßen. Sie packen aus, höchst gründlich, und nennen Namen, Ort und Zeitpunkt des Geschehens. Noch ehe wir den Tee zum Mund gehoben haben, sind sie bei ihrem Thema angelangt: Jedentag, Doppelbett, Hans.
Sie schaffen es, ganz schnell, um alles Lebendige in ihrem Leben Sätze zu schlingen, daß man es nicht mehr wiedererkennt. Gierig, Stichworte aufzugreifen. Lüstern, daherzureden, ohne Unterbrechung wohlgemerkt. Die Männer! Hans! Meiner, ach! Ach ja! Ja, ja.
Gertrud. Ich werde immer müder. Doch sie lebt auf und will nicht enden, als ob es wegzureden wäre, dieses Leben. Hans dies. Hans das. Hans überhaupt. Tage, Nächte, Ewigkeiten, die sie sich eigentlich schon trennen will. Ja!
Ja, aber.
Plötzlich, wenn Gertrud sich aufhebt und nach Hause muß, ist sie ganz leer vom Stöhnen und ganz aufgeräumt. Auf meinem Magen Wackersteine. Ihre verweinten Taschentücher aus den Sofaecken räumend, denke ich über ihr Schicksal nach. Warum nur Hans, warum nur immer wieder einer und immer noch ein Hans?
Aber ihr Gertruds seid längst zu Hause angekommen, das Leben ruft, der Traum ist aus, ihr spielt schon längst die nächste Szene. Er soll auch etwas davon haben, daß ihr eine Freundin habt.

Amore, Amore!

von
Ruth-Esther Geiger

Ich habe eigentlich nie darüber gesprochen. /
Aber warum eigentlich nicht? /
Weil ich dieses Breittreten von Sexualität hasse. /
Und mit deinem Freund selbst? /
Nein, da hab ich Schuldgefühle. /
Aber warum denn? /
Weil ich denke, er stellt sich so auf mich ein. Überhaupt, ich will sowieso wahrscheinlich immer alles bestimmen. /
Aber sag mal, so einfach kann das doch nicht sein! Da sind doch immer beide dran beteiligt! /
Ja, denk ich ja auch ... Wart mal, ich glaub, da kommt er ... Tag, Markus-Schatz! Das ist Dorothea: weißt du, die, mit der ich auf dem Internat war. /
Tag, Dorothea. /
Wir reden gerade über unsere Sexualität. Willst du 'n Tee mittrinken, oder holst du dir ein Bier? /
Ich bin erst mal müde. /
Weißt du, ich erzähl Dorothea gerade .../
Du, ich muß erst mal abschalten. Ich geh in mein Zimmer, ja? /
Okay, tu das. Ruf doch mal Rainer an, ja?! ... Ja, wo waren wir eigentlich stehen geblieben, Doro? Ach, ja: Schuldgefühle, weil ich so bestimmen will ... /
Sag mal, was war denn eben mit dir los? /
Was denn? /
Findst du das richtig, bei Sexualität gleich auf ein Dreier-Gespräch umzuschalten? /
Aber ich möchte ihn doch irgendwie einbeziehen! /

«Liebe Doro, es war gestern irgendwie komisch zwischen uns beiden. Nachdem Markus gegangen war, kam gar nicht mehr die intensive Stimmung auf, die früher bei uns üblich war. Warst Du entsetzt davon, daß ich mit einem so jungen Freund zusammenlebe? Mochtest Du ihn nicht? Du kamst mir so fremd und fern vor, so kühl und abgeklärt, wie Du auf meinem Sofa saßt. Und ich ganz klein und verknüllt, hin- und hergeworfen zwischen Dir und Markus. Zwischen meiner Freundin und meinem Freund. Kann ich die nächsten Tage mal zu Dir kommen? Ich muß unbedingt mit Dir reden.

Lydia»

Sie liest den Brief noch einmal durch, ehe sie ihn in den Umschlag steckt. Lydia und Dorothea. Immer war Dorothea die Stärkere, immer wußte sie, was für sie wichtig war. Lydia hält von sich selbst nicht viel. Das einzige sind die Männer, denkt sie, die fallen noch immer auf mich herein. Aber Dorothea durchschaut mich, immer. Lydia knipst an ihren Fingernägeln, beißt sich angestrengt auf die Unterlippe, sieht auf die Uhr – sie muß zum Postkasten, letzte Leerung.

Auf dem Weg zum Sportplatz, wo der Nachtbriefkasten steht, kikken ihr drei Jungen eine Bierflasche in den Weg.

Das würde ihr auch nicht passieren! Lydia denkt an die Zeit im Internat, als Dorothea ihre große Beschützerin war. Sie selbst war erst später in die Heimschule gekommen, und Dorothea hatte dort schon Hausmacht. Oberstufe, beide, Dorothea als Haussprecherin. Am Tag war sie der Vize der Erzieherin, und nachts stieg sie mit Lydia aus. Sie trampten dann auf der Landstraße, besuchten Diskos in den Mittelpunktstädten. Es war einiges los im Sommer an der Küste. Sie ließen sich am Ende einer Nacht von den flotten Mittdreißigern an der Ecke vorm Internat absetzen. «Wir werden gleich von unserer Erzieherin geweckt», flötete Dorothea, und kein Freier hatte mehr Lust, die Nacht mit den Mädchen zu verlängern. Erzieherinnen, Internat: Das wirkte wie Knoblauch auf Vampire. Und das wollten die Mädchen, denn ihre Lust endete vor dem Eigentlichen. Tanzen, ausgehalten werden, große Dame spielen – das war ihr Vergnügen.

Hätten die ja auch gleich sagen können, daß sie noch zur Schule gehen, dachte bestimmt jeder Sportwagen-Playboy. Aber die beiden dachten gar nicht daran. Dorothea fielen immer wieder neue Lebensgeschichten ein: «Wir sind hier im Urlaub bei einer Tante.» Oder: «Wir arbeiten in Hamburg und wollten mal einen Landurlaub machen.» Bis dann um sechs die Stunde der Wahrheit schlug. Aber bis dahin hatte Dorothea einen wunderbaren, kostenlosen Abend arrangiert.

Oder wenn sie zusammen klauen gingen: Lydia hatte immer große Lust und war sehr aufgeregt. Dorothea war wählerisch und berechnender. Sie behielt klaren Kopf, wenn Lydia drohte, rot zu werden. «Packen Sie mir bitte die Schuhe für 80 Mark ein. Und das Paar da auch noch. Und schicken Sie die Rechnung an meinen Vater: Dr. Meckel in Hamburg.» Es folgte eine ausgedachte Adresse, der Name stimmte natürlich auch nicht. Wochenlang zauderte Lydia dann, die neuen Schuhe anzuziehen, denn das Schuhgeschäft lag im Zentrum des kleinen Ortes, unvorsichtig waren sie in ihrer Leidenschaft gewesen. Aber es war gerade dabei, Frühling zu werden! Keine Zeit, extra in die Stadt zu trampen. Lydia hatte Angst, man würde sie an ihrem Muttermal erkennen. «Die haben doch gar keine Beweise, wenn wir leugnen – und nicht rot werden!» meinte Dorothea damals und trug abwechselnd ihre neuen Pumps und die tollen Mokassins.

Immer war sie die Mutigere, dabei bin ich aus der Großstadt damals gekommen und sie vom Land. Dabei bin ich, wie viele sagen, die hübschere. Aber sie hat diese Grübchen unter den ernsten Augen. Das macht alle verrückt, wahrscheinlich.

Als Lydia an Dorotheas Haustür steht, ist alles fürchterlich. Sie fühlt sich elend klein. Ob es richtig war, den Brief zu schreiben? Hier thront sie also, hier ist ihr neues Zuhause.

Als Dorothea die Tür aufmacht, denkt Lydia, warum kommt sie allein klar, in dieser fremden Stadt, und ich nicht mal in meiner alten?

Als Dorothea beim Öffnen sieht, daß ihre Freundin angestrengt an ihr vorbei in den Flur blickt, fragt sie schnell, als ob sie sich täglich sehen würden: «Möchtest du Tee oder Kaffee?» – «Tee», antwortet Lydia und geht in die Küche, eine helle, klare Küche, wenig Geschirr, Junggesellenstil.

Dorothea setzt den Kessel auf, und Lydia inspiziert die Wohnung. «Schön, deine Wohnung! Und hier: immer noch die alten Platten. Hörst du die noch manchmal?» Komisch, denkt sie, das Zimmer sieht fast aus wie unser altes im Mädchenhaus. Das schmale Bett, die Tiere drauf, Chaos unter den Büchern, wie unterm Dach damals.
Sie nimmt eine alte Platte aus der Hülle und will sie gerade auf den Plattenteller legen, da kommt Dorothea mit dem Tee ins Zimmer: «Nein, ich möchte jetzt keine Musik.» – «Aber, was hast du denn dagegen?» Lydia wird nervös, sie kaut auf ihrer Unterlippe herum. «Warum denn nicht?» – «Weil ich keine Musik möchte.»
Dorothea wirft sich mit der Hand die Strähne nach hinten, die ihr übers Auge gefallen ist. Warum sie immer noch auf ihren Lippen herumbeißt! Ich dachte, die Macke hätte sie sich abgewöhnt. Schade, sie hat immer noch Angst vor mir. «Du kannst immer genau sagen, was du willst! Das ist, glaub ich, der Hauptunterschied zwischen uns!» traut Lydia sich jetzt zu sagen.
«Ja, ist er das?» fragt Dorothea zurück. «Und wenn ich aber nie bekomme, was ich möchte?»
«Was meinst du denn damit, Doro? Sag bloß, du bist nicht zufrieden, so wie du lebst!?»
Völlig durcheinander. Sie hat wirklich daran geglaubt. Dorothea ist immer ihr großes Vorbild gewesen. Eine, die keine falschen Kompromisse eingeht. Sie lebt allein, studiert Psychologie, verdient ihr Geld mit Taxifahren. Sie hat öfter mal einen Freund, zieht sich an, wie sie gerade gelaunt ist, liest manchmal tagelang und läßt niemanden in ihre Wohnung dann.
Dorothea sitzt auf einem Kissenberg, im Nacken eine Leserolle, sie pustet über ihrer dampfenden Teetasse. Lydia sitzt im Schneidersitz auf dem Flokati-Teppich, spielt mit den Armreifen, die auf dem niedrigen Messingtischchen herumliegen. «Ich dachte immer, du führst so ein tolles Leben hier, studierst so ein interessantes Fach. Ich dagegen mit meiner Pädagogik.»
«Glaubst du!» unterbricht sie Dorothea. «Ich bekomme eben nicht, was ich wirklich will. Was man nicht durch Zielstrebigkeit erkämpfen kann.»

«Und was ist das, was du nicht bekommst?» fragt Lydia mit vor Interesse großen Augen. «Ich möchte ganz einfach jemanden lieben, der mich auch liebt. Aber eben wirklich. Das ist es.»
«Verrückt, läuft das denn nie synchron?»
«Sag mal, kannst du nicht einmal denken, ehe du redest? Oder einfach mal zuhören? Hast du mich überhaupt einmal noch genau angesehen, seit du mit diesem Markus zusammen bist?»
«Also doch, Dorothea! Du kannst ihn eben nicht leiden.»
«Mensch, ich kenne ihn doch gar nicht! Aber dich kenne ich auch kaum noch, seit er da ist. Du bist so damit beschäftigt, es allen recht zu machen, daß du niemanden mehr wirklich an dich heranläßt! Ganz zu schweigen davon, daß du jemanden erkennen würdest ...»
Erkennen, komisch, so ein altmodisches Wort. Im Augenblick, als es ausgesprochen ist, denkt Dorothea, das ist es. Ich bin eben altmodisch. Ich bin selbständig, ich komme soweit ganz gut zurecht. Das Leben läuft, manchmal gelingt etwas. Aber ich muß immer alles neu erklären, neu Zusammenhänge herstellen, wenn ich eigentlich nur ein momentanes Gefühl ausdrücken will. Zum Beispiel jetzt, daß ich mich verlassen fühle. Keinen Mann, der mich so will, wie ich bin, und keine Freundin, die mich wirklich kennt.
«Dorothea», versucht es jetzt Lydia noch einmal, «ich bin zu dir gekommen, weil ich mich allein fühle zwischen Markus und meinen Freundinnen. Ich habe den Kontakt verloren, zu euch allen. Und jetzt auch zu ihm noch. Und du tust so, als läge alles nur an mir. Vorgestern auf meinem Sofa hast du noch gesagt, es gehören immer zwei dazu.»
Müde, ich bin entsetzlich müde, denkt Dorothea plötzlich. Mir verschwimmt alles. Wer gehört nun hierzu eigentlich, zu dieser Szene? Ich und die Freundin und Markus als Geist und all die Jungen und Männer, die hier schon übernachtet haben? Es langweilt mich. Markus – schuld an unserer Entfremdung? Quatsch. Gott, wie anstrengend. Bin ich eifersüchtig geworden, nur weil sie ein Paar waren, plötzlich?
«Weißt du, ich bin es so leid, dieses Analysieren. Wenn du nicht spürst, wie wichtig es ist, jeden, der dir etwas bedeutet, wirklich ernst zu nehmen ... Nicht alles zu vermengen, glattzubiegen, so-

lange umzurühren, bis alles Besondere untergeht – dann kann ich mit dir nicht über dich und mich reden. Über meine Angst und mein Alleinsein und deine verlorene Intensität. Ich bin nicht die Klarkommerin und du das schwache Hühnchen. Du machst dich dazu. Durch Ungenauigkeiten. Uns trennt doch nicht das volle oder leere Bett, in das wir nachts steigen. Was uns trennt, ist deine schreckliche Vermischungssucht.»

«Mann, du redest ja wie eine Therapeutin! Soll ich 50 Mark hierlassen, ehe ich gehe? Das ist ja nicht zum Aushalten!»

Dorothea, die Große, ist inzwischen richtig zusammengefaltet in einen Schaukelstuhl gekrochen. Die Freundin geht, jetzt entschlossen, zum Plattenspieler und legt Gianna Nanini auf. LATIN LOVER, das erste Lied der Langspielplatte wird aus den Boxen geworfen, Lautstärke sechs. Der Korbstuhl wird an der Lehne mit so viel Schwung geschaukelt, daß Dorothea vor Anspannung zu kreischen anfängt. Sie springt aus dem Stuhl, greift sich die Freundin, schüttelt sie, rollt ihre Finger fest in deren Haare, reibt heftig ihre Wange an deren Kinn und fühlt, wie ihr ganzer Widerstand schwindet, alles Vorwurfsvolle. Sie umfaßt den Oberkörper der Freundin und zieht sie mit sich in einem wilden Tempo, im schnellen Viervierteltakt, nur den Einsatz singen beide, so rauh wie möglich, und lachen; das Italienische können sie noch nicht. Vielleicht werden sie es eines Tages können, sie lieben beide Gianna Nanini. AMORE, AMORE: eine, die sich wirklich austobt.

Spiegel verkehrt

von
Ruth-Esther Geiger

«Dieser erste Juni braucht einen ganz besonderen Hut, um in zwanzig Minuten begrüßt zu werden», sagt Maria, als beide vor dem Spiegel stehen, um ihr Äußeres in Richtung Unternehmung zu arrangieren. Maria probiert Schleier- und Kapotthut, Schiffchen und

Herrenkrempe – und lacht mit ihrem Maulbeerfarbenmund. «Probier du doch das Schiffchen mal auf ... ja! Sehr gut, bei den Locken! Du gefällst mir mal wieder.» Sie selbst hat den Hut mit dem Schleier gewählt, verwegenes Modell. Auf das linke Ohr drapiert, wirkt er wie ein Kunstgebilde, schwarz, schwarzer Schleier mit buntem Geglitzer dran. Im Radio Lucio Dalla.

«Wollen wir italienisch essen?» fragt Maria.

«Eigentlich zu spät, laß uns Eis essen gehen ins Nachtcafé.»

Judith und Maria, beide in Pumps, die eine italienisch, die andere fünfziger Jahre deutsch, es macht ihnen Spaß, so auf die Straße zu staksen. «Wir lassen das Auto stehen, schlage ich vor, und schnuppern an den Linden.» Das Nachtcafé ist nicht mehr weit. Und die Linden riechen nach Brausepulver, aufregend. Die Damen haben sich genug zu erzählen, machen sich Komplimente und pfeifen auf die Männer. Sie erzählen sich den jüngsten Klatsch aus der Szene. Chick Corea spielt, als sie die Tür vom Nachtcafé aufstoßen, Judiths Lieblingsjazzer. «Du weißt, wie ich das hasse, wie die momentan alle ihre Bäuche vor sich hertragen!» sagt Maria und simuliert kurzfristig eine Schwangere mit durchgedrücktem Kreuz. Bei der Höhe ihrer Stöckelschuhe läßt sie sich aber bald in eine normale Sitzstellung fallen, und beide bestellen einen Amaretto, einen Kaffee und ein Eis. «Ich hasse meinen Bauch schon ohne was drin», sagt Judith. «Obwohl die Männer ja nicht selten darauf abfahren.»

«Ach, die Männer, besonders die eigenen: Die wollen einen doch nur mästen! Das ist wie in Tunesien, wo die Matronen nicht mehr durch die Tür kommen, damit sie nicht fremdgehen.» Maria verschluckt sich am Likör. Judith guckt hoch und sieht im Spiegel, wie gut sie an diesem Abend aussieht. Nur kurz, aber es reicht, um rot zu werden. Eigentlich vergeudet, denkt sie, immer vergeudet eigentlich. Sie sieht Marias Gesicht, ebenfalls rot, vom Verschlucken, und sagt: «Auch wenn du gerade puterrot aussiehst, sozusagen, eigentlich sind wir viel zu schön und klug und ideenreich für das Angebot von Männern, das man so vorgesetzt bekommt.» – «Aber, meine Liebe – wir sind uns doch selbst genug! Solltest du das noch nicht gelernt haben, daß echte Schönheit von Verschwendung lebt! Nicht immer dieses krämerhafte Zweckdenken!» Sie fährt sich dabei über die gefeilten Bögen ihrer Fingernägel. Maria lebt seit Jahren allein, nachdem sie ihren Freund hinausgeworfen hat. Sie schreibt, Theaterkritiken. Auf ihren schwarzbraunen Blick unter rotbraunen Struwwelhaaren fliegen die älteren Herren des Pressegeschäfts. Und auf ihre scharfe Zunge: Die muß doch zu bändigen sein. Dabei ist sie schon 33. Sie wiederum sieht mit Vergnügen junge Männer an, um sich blickschwelgerisch auszumalen, ob die wohl mal etwas für spätere Jahre wären. Für ältere, die sich vor ihr entblößen, hat sie nur Sarkasmus in petto.

«Sag mal, was fuchteln die da drüben denn immer mit ihrer Flasche rum?» Judith zeigt zu einem Herrentisch gegenüber. Obwohl sie dies nur mit den Augen tat, haben die Herren das Interesse auf sich bezogen. Sie wollen den Damen unbedingt von ihrem Sekt einschenken. «Bitte, sollen sie.» Maria nickt großmütig zum Herrentrio hinüber.

«Aber doch nur den Sekt, nicht gleich den ganzen Anhang!» zischen die Frauen sich zu. Judith rückt schnell – o Gott – von einem Jungvierziger ab, der ihr beim Einschenken den Arm über die Schulter schlängelt. «Ganz reizende Hüte tragen die Damen da ja», sagt der Graumelierte. «Was man nicht im Kopf hat, muß man auf den Löckchen tragen!» Der Dritte im Bunde wiehert vor Vergnügen, eine Glatze, aber mit Yves Saint Laurent-Modell auf der Nase. «Meine Herren, glauben Sie nicht, daß Sie etwas zu alt für uns sind?» fragt Maria, als sie ihr Sektglas geleert hat. Judith öffnet ihre Schminkdose, pudert sich die Nase, zieht die Lippen kirschrot nach und klopft dem Graumelierten plötzlich rabiat auf die Schulter: «Nichts für ungut! Wir haben noch etwas anderes vor.» Völlig synchron rauschen die beiden aufrechten Gangs durchs Café, Richtung Glastür. Und die Herren bleiben mit dem angebrochenen Sekt und der Eis-Kaffee-Amaretto-Rechnung am Marmortischchen zurück. Der Kellner sieht den Damen amüsiert hinterher.

In einer Juninacht mit Linden- und Fliedergerüchen dürfen gewisse Frauen einen Abend nicht derart beschließen, der so gut angefangen hat. Sie suchen ein anderes Lokal. Eine ganz kleine gekachelte Kneipe mit Fünfziger-Jahre-Sperrmüll im Souterrain. Judith, die einen Zeitvertrag als Dramaturgin hat, studiert gern die Gesichter,

Manieren und Lautmalereien auf den häßlichen Nierentisch-Couchen und Plastik-Barhockern. Sagt sie. In Wirklichkeit hat sie Angst vor diesen Leuten. «Hier merkt man, daß man älter ist», meint Maria. «Deshalb liebe ich keine Diskotheken. Die tun immer so, als ob Tanzen nur was für Erstsemester wäre.»
«Ja, aber hier lassen sie einen so schön in Ruhe.»
Judith mit ihrem Schiffchenhut guckt trotzdem verstohlen in den Spiegel, ob jemand sie ansieht, dumm oder neugierig. Man ist ja schließlich da. Und plötzlich sieht im Spiegel, ganz unverschämt deutlich, ein trauriges Gesicht zu ihnen herüber. Schwarze, sehr kurze Haare, Lederjacke, Ohrring, Halstuch, grünes Getränk in einer Hand mit blauen Fingernägeln. Wen meint der, mich oder Maria? Der sucht doch wen mit diesen anachronistischen Augen, denkt Judith, plötzlich angespannt. Jetzt hebt der sich langsam auf. Gott, der kommt wirklich hierher.
«Eigentlich wollte ich dir jetzt endlich mal was von Herbert und mir erzählen ...» sagt sie gerade noch, da hat sich der Traurige ohne Glas auf den freien Stuhl, und damit Maria gegenüber gesetzt. Er hebt mit diesen Blaunägel-Fingern den schwarzen Hutschleier hoch und sagt in Marias perfekt geschminktes Gesicht:
«Ob du mir wohl 'nen Cocktail spendieren kannst? Du siehst so gut aus.» Maria fällt fast der Straß vom Schleier, jetzt ist sie es also, die zahlen muß. Ein Überfall mit traurigen Augen. Mit einer schleppenden Stimme, wahrscheinlich lange geübt, aber trotzdem. «Ja, hol dir was, aber bring uns auch einen mit», fällt ihr gerade noch ein. Sie flüchtet auf die Toilette, um zu sehen, wie alt sie aussieht, trocknet die Hände im Handtuch, weil sie feucht geworden sind, und als sie gerade wieder in den Raum zurückwill, kommt Judith in die Tür. Maria strafft ihren Gesichtsausdruck, faßt Judith bei den Schultern und sagt: «Judith. Könntest du bitte nach dem Cocktail gehen? Ich möchte nicht, daß meine Freundin dabei ist, wenn ich mich entscheidend blamiere. Mich interessiert dieser Junge, verstehst du das?»

Zehntes Kapitel

Körpernähe

Von meinem Freund wurde ich früher oft gefragt, warum ich eigentlich nicht lesbisch sei. Manchmal mit interessiertem, manchmal mit gereiztem Unterton. So viel, wie ich mit Frauen teilen und unternehmen würde, sei das doch merkwürdig. Er hatte Angst davor. Ich weiß jetzt, warum mich diese Frage immer so bedroht hat: Ich wußte es selber nicht und wollte nicht von einem Mann, der durch mein Verhalten verunsichert war, darauf gestoßen werden. Ich wollte nicht Farbe bekennen unter Druck. Ich wollte es selbst herausfinden, und zwar mit der Zeit.

Warum nicht lesbisch sein, wenn man Frauen liebt?

Es hat natürlich, wie viele Lesben behaupten, auch sehr stark mit Angst zu tun. Angst, in der Ecke zu stehen, ausgeschlossen zu werden. Angst, daß Frauenliebe, weil Frauen als weniger wert hier gelten, abgewertet, man selbst damit weniger wert wird. Auch vor sich selbst. Und die Angst, den Männern, von denen man etwas will, noch mehr Angst einzuflößen. Denn es gibt ja bei uns ein genaues Gespür dafür, was wir den Männern, mit denen wir leben und arbeiten, zumuten können, ohne daß sie uns schneiden oder zurückschlagen.

Es gibt nicht wenig erfolgreiche, selbstbewußte Frauen, die eigentlich alles mit Frauen machen, sich aber einem Mann unterordnen oder einen sich «halten», um von der Umwelt als «ganze Frau» akzeptiert zu werden. (Vgl. Benard, Schlaffer: ‹Liebesgeschichten aus dem Patriarchat›, Rowohlt, und Colette Dowling: ‹Der Cinderella-Komplex›, Fischer)

Ihr Erfolg wäre gefährdet, wenn sie als Mannweib erschienen. Angst hat man sowieso vor ihnen, jetzt müssen sie zeigen, daß sie überhaupt liebens-wert und liebesfähig sind, *im Klartext*: daß es ein Mann überhaupt mit ihnen aushalten kann!

Es gibt Frauen, die lieben Männer nicht oder fürchten sie eigentlich oder hassen sie sogar und leben trotzdem mit einem – dem Ausnahmemann – zusammen. Sie schlafen mit ihm und geben alles in ihn, Haß und Zärtlichkeit, nur um ihn zu domestizieren: Zuckerbrot und Peitsche. Für andere Männer haben sie gar keinen Blick, so blind sind sie darin geworden, ihn zurichten zu wollen, sich an ihm «abzuarbeiten». Sehr anstrengend. Aber sehr verbreitet.

Es gibt aber auch Ängste, die mit dem Verhältnis von Frauen zu Frauen etwas zu tun haben. Und da wird es interessant: «Frauen sind mir zu ähnlich, zu nah. Im Ernstfall wissen wir beide nicht weiter.» – «Gegen Frauen kann ich mich nicht wehren.» – «Dann bin ich ja völlig durchschaubar. Wir kennen einander doch zu gut.» Psychisch und körperlich. Das bedeutet, die völlige Ausschließung von Fremdheit und Distanz hat auch etwas Bedrohliches. Das heißt, in Konfliktfällen fällt die Abgrenzung gegenüber einer Frau noch schwerer als gegenüber Männern. Es entsteht die Angst, daß die eigene Schwäche miteinander nur verdoppelt wird. Die Tür zur letzten Kammer, der Sexualität, ist bei vielen Frauen voreinander deshalb versperrt. Sie wollen sich nicht völlig an ihresgleichen ausliefern. Tragisch ist das eigentlich nur, wenn sie sich Männern voll ausliefern, die sie verletzen. Oder wenn sie es mit Frauen nicht können, Männer aber gleichzeitig nicht reizvoll, gar nicht interessant finden. Dann lauert da ständig etwas Nicht-Ausprobiertes, eine verlockende Gefahr, die Angst macht. Und praktiziert wird ein beklemmendes heterosexuelles Verhältnis, ohne Leidenschaft, ohne Öffnen, Hingabe verboten. Das muß furchtbar sein, und wenn es furchtbar endet, kann wenigstens daraus, aus dem Ende, Hoffnung geschöpft werden.

Neben dem bisexuellen, experimentellen Weg, der ja auch die Möglichkeit des Ausprobierens schafft, gibt es noch eine andere Möglichkeit, die sich nicht auf Angst gründet. Es gibt nämlich die Lebensweise, daß eine Frau sich viel mit Frauen umgibt, doch trotzdem einen Blick für Männer hat. Daß sie sagt, ich will gar nicht die Totalität, alles verbinden, vermischen, mit Frauen alles erleben und Männer als Randfiguren betrachten. Sie könnte doch sagen: Ich liebe Männer und Frauen – Frauen sind es mehrere, aber ich will mich nicht mit Haut und Haaren und Seele mit ihnen vermischen. Gerade das Undefinierbare der Erotik ist für mich der Reiz, der in unsere Beziehungen eingeht. Männer sind es wenigere, aber sie interessieren mich grundsätzlich als «andere», als manchmal schön und manchmal nervend andersartige. Ich will auch mit ihnen gar nicht gleich werden oder alles vermischen. Mich reizt der Balanceakt: Die Distanz, die im anderen Körper, in der unterschiedlichen Erziehung, dem anderen Auftreten, der anderen Ausstrahlung liegt, kann etwas sehr Spannendes und, wenn es einen nicht erschlägt, sehr Erotisierendes sein. Männer und Frauen sind etwas Verschiedenes für mich, aber es gibt deshalb kein Besser oder Schlechter dabei, weil ich die Freundinnen und die Freunde, die ich liebe, gar nicht vergleichen kann.

Es reicht, meine ich, nicht, wenn Frauen sagen, daß sie einfach Frauen nicht sexuell anziehend finden. So gerne, wie wir Frauenkörper anschauen, uns voreinander schön machen, glaube ich das nicht. Es ist schon spannend, für sich selbst herauszufinden, was sich dagegen in einem sperrt, mehr mit ihnen zu «machen». Beziehungsweise, es ist genauso wichtig, positiv bei sich zu ergründen, warum wir Männer begehren – trotz aller Fremdheit, die wir spüren. Trotz aller Verletzungen, die wir uns bei ihnen holen. Weiblicher Masochismus und die Nachwirkungen einer angepaßten Erziehung: das verinnerlichte Verbot, reichen doch als Begründung für uns, jede von uns, individuell nicht aus. Und wenn es das wäre, wäre es nicht höchste Zeit, es zu verändern?
In meinen Interviews waren junge Mädchen wie junge Frauen mit dieser Frage (Warum nicht lesbisch?) noch heftig am Kämpfen, für viele war sie gar nicht neu, brachte aber immer noch das große Schleudern.

Christine aus Berlin hat dazu am deutlichsten Stellung genommen:

«Ich hab auch oft sexuelle Sachen mit Frauen gehabt, nicht direkt geschlafen mit denen, aber so rumgeknutscht. Das war bei mir schon häufig. Auch, daß ich da emotional zum Teil hinterstand. Aber das waren im ganzen dann auch wieder nicht die richtigen Frauen, irgendwo. Neulich haben wir über Peggy Parnass geredet. Die hat in so einer Lesbenzeitung ein Interview gegeben, da hat sie viele Sachen gesagt, die mich sehr getroffen haben. Daß sie eben auch gern mit Männern ins Bett geht, aber die Beziehungen, die ihr wirklich wichtig sind und wo sie sich am wohlsten fühlt, diejenigen wären, die nicht sexuell ablaufen. Also zu Frauen, aber auch zu bestimmten Männern. Bei mir ist das auch so. Die sexuellen Beziehungen gehen meist voll in die Hose. Entweder will ich nicht mehr, oder die wollen nicht mehr. Ich verlasse mich sowieso immer mehr auf andere als auf den Typen, mit dem ich gerade zusammen bin. Und Peggy Parnass hat geschrieben, daß sie eben im Moment auch sehr schwanzfixiert ist, daß sie sich aber vorstellen kann, wenn sie mal darüber hinweg ist, also mal die Reife erlangt hat, daß sie dann später 'ne Frauenbeziehung, auch sexuell, leben könnte. Jetzt würde sie aber noch davor zurückschrecken, weil, wenn sie eine Frauenbeziehung hat, die sehr tief geht, die ein unheimliches Verstehen ist, dann hat sie Angst, daß sie durch Sexualität die Bindung zerstört. Weil sie dann vielleicht doch immer noch die Männer im Hinterstübchen hat und das keiner Frau antun möchte.

Und bei mir ist das so, daß, wenn ich mit 'ner Frau rumknutsche, dann sind das eigentlich meist Frauen, die mich sonst nicht weiter interessieren, die ich eigentlich vom Gespräch her auch nicht so toll finde. Meistens finde ich die vom Äußeren her attraktiv. Wenn ich jetzt hier eine sexuelle Beziehung eingehen würde mit 'ner Frau, wäre es für mich auch, als ob ich Irene damit beleidigen würde. Weil eigentlich Irene die Frau ist, hinter der ich emotional voll stehe. Wenn, dann müßte sie es sein. Obwohl ich es im Moment mit ihr auch nicht will. Da ist man ja irgendwie völlig ausgeliefert. Ich denke auch, daß das die Beziehung sehr stören würde, weil die jetzt so gut ist, daß sie kaum besser werden kann. Und dann glaube ich, wenn wir jetzt auch noch unsere Körper einander geben, daß es dann dadurch kaputtgeht. Weil dann eben auch wieder diese Eifersüchteleien auftauchen können, wenn ich zu einer anderen Frau auch einen guten Draht hab oder so. Das ist auch 'ne Angst vor dem Besitzergreifenwollen, auch meinem durchaus – was jetzt eben nicht da ist. Obwohl ich sicher auch jetzt schon eifersüchtig wäre, wenn sie 'ne ähnlich gute Freundin hätte. Aber ohne Sexualität hat man doch viel mehr Respekt vor dem anderen, weil man nicht mit jeder Faser mit ihm verbunden ist. Sonst kommen doch viel mehr Aggressionen hoch, und man will dem anderen wehtun, um sich zu rächen, oder ihn zu Sachen zwingen, die er eigentlich nicht will.»

Elftes Kapitel

Balanceakt

Wie ist das mit der Offenheit und dem Vertrauen? Geht es besser, wenn man eng zusammen oder möglichst weit entfernt voneinander wohnt – oder ist der Mittelweg diesmal der beste: in einer Stadt, aber nicht in derselben Wohnung? Ich weiß es nicht. Ich weiß nur, daß dichte Nähe oder abgesicherte Entfernung zwischen Freundinnen ganz unterschiedliche Freundschaften entstehen läßt. Daß beide Formen sehr große und sehr exklusive Qualitäten haben können. Die Freundin in der anderen Stadt kann über Jahre trotz unterschiedlicher Entwicklungen an meinem Leben intensivst teilhaben. Durch Briefe, die sich Frauen am selben Ort ja seltener schreiben, wird eine Intensität und Offenheit hergestellt, die gerade im Schutz des Nicht-Alltäglichen, vom Alltag Losgelösten ihre Eigenheit hat. Wenn man sich dann sieht, sind die Treffen so wertvoll, daß eine Art Insel, eine intensive Ausschließlichkeit geschaffen wird, die ermöglicht, daß sich gedrängt über das Wichtigste in beider Leben ausgetauscht wird und Dinge hinterfragt werden, die sonst leichter als selbstverständlich hingenommen oder sogar übergangen werden.

Diese Freundschaften laufen natürlich, weil sie selten im Alltag erprobt werden, schneller Gefahr, idealisiert zu werden. Aber vielleicht brauchen wir eine wenigstens von solchen «Ideal-Beziehungen». Sie haben etwas Beflügelndes, Begeisterndes. Schwierig wird es nur, wenn sie plötzlich – auf einer Reise beispielsweise – überprüft werden und dem Alltag, der Nähe selbst nur auf einer Ferienreise nicht standhalten. Es gehört meist viel Geduld und Toleranz dazu,

sie dann wieder das sein zu lassen, was sie waren: die ferne, besondere, vertraute Freundschaft.
Schwierig auch, wenn diese Beziehungen zum Maßstab für Freundschaften am Ort gemacht werden, an dem man lebt. Denn diesem Maßstab kann nichts standhalten, was im Alltag halten soll. Deshalb brauchen Freundschaften zu Hause aber nicht langweilig, im schlechten Sinne alltäglich zu sein. Ich erlebe sehr viel Spannung und Spannendes mit meinen Freundinnen, die ich mir hier ausgesucht habe. Mit denen ich über die Arbeit, die Liebe, das Wohnen, unsere Geschichte mich austausche. Manchmal fast täglich, manchmal eine Woche lang nicht oder auch länger. Und was wichtig ist: mit denen ich Konkurrenzgefühle versuche durch Handeln zu überwinden, mit denen ich gegenseitige Hilfe, Kritik und Bestätigung praktiziere.

Manchmal entsteht daraus der Traum, mit ihnen zusammenzuziehen oder ein gemeinsames Arbeitsprojekt zu versuchen. Aber immer meldet sich da sofort gleichzeitig die Angst an, eine ähnliche wie bei der Frage: Warum nicht lesbisch? Zu große Nähe, zuviel täglicher Austausch, tagtägliche Gemeinsamkeit kann ich mir momentan nur als Gefahr vorstellen. Vielleicht bin ich feige, durch diese Gesellschaft verdorben oder überhaupt verrückt und inkonsequent. Aber ich habe zu oft erlebt, wie sich Frauenbeziehungen banalisierten oder auflösten, wie sie merkwürdig hohl und beschwörerisch wurden. Unter welchen Druck sie kamen, wenn von der einen noch der Freund in derselben Wohnung wohnte, oder von beiden. Auch daß ständige Zusammenarbeit, gemeinsame Projekte als Selbstverständlichkeit nicht unbedingt Konkurrenz abbauen, sondern zu ganz denkwürdig trotzigen Abgrenzungen bei mir führen können. Das kann bei vielen Frauen anders sein. Das wird jede für sich herausfinden. Es ist der Unterschied, denke ich, ob ich in meinen Hauptanteilen eher eine Frau bin, die sich gern an Widersprüchen reibt, die Distanz, das Auch-Alleinsein, den Balanceakt liebt. Oder eine, die gern irgendwann angekommen sein will, gern in einem selbstgesuchten Nest lebt, alles Liebe zusammen, möglichst Übereinstimmung, Ähnliches unter einem Dach. Der Wunsch nach Risiko, Entwicklung, auch streiten zu können, liegt bei dem ersten Typ Frauen eher vor. Der nach Geborgenheit, Klarheit und Harmonie bei dem zweiten. Tragisch wird es nur und manchmal unerträglich, wenn sich die erste auf eine Liaison, welcher Art auch immer, mit der zweiten einläßt. Zusammen-Wohnen kann Gift für beide sein, auch zusammengebunden an ein Arbeitsprojekt zu sein. Befreundet miteinander zu sein, höchst anregend für beide und sehr wohltuend auch.

Nähe und Distanz: ein Problem, mit dem wir Frauen unsere besonderen Nöte haben. Weil uns Distanz so schnell bedroht. Und wir uns durch Nähe so schnell geschluckt und in unserem Ich aufgelöst fühlen. Es scheint aber ein Balanceakt zu sein, der wohl von jeder wieder auf ihre Art getanzt werden muß: manchmal auf dem Schwebebalken und manchmal als Hochseilakt.

Wenn du mal berühmt bist …

Angela wohnt in Hamburg, *Julia* in Berlin. Beide gingen zusammen in den Kinderhort, in Berlin. Als Angela fünf war, haben sich ihre Eltern getrennt. Vor kurzem haben sich auch Julias Eltern getrennt. Befreundet haben sich die beiden Mädchen nach Angelas Aussage «erst so richtig, als rauskam, daß meine Mutter mit meinem Bruder und mir nach Hamburg ziehen würde». Das war vor fünf Jahren:

«Am Anfang war ich unheimlich sauer auf meine Mutter, daß ich mich von Julia trennen mußte. Ich war sehr traurig, hab tagelang rumgesessen und nur geheult. Aber seitdem besuchen wir uns jetzt an Wochenenden. In der ersten Zeit bin ich fast jedes zweite Wochenende nach Berlin gefahren. Und mit ihr und ihren Eltern in die Ferien.»

Zum Umgang miteinander haben eigentlich beide eine sehr ähnliche Einschätzung.

Angela (fünfzehn Jahre): «Bei uns knallt's ganz oft, aber das ist gerade das Spannende daran! Im Hort war's so, daß wir uns die ersten fünf Minuten fast die Haare ausgerissen haben und uns dann in den Arm nahmen – alle Erzieherinnen waren geschockt.

Heute ist das so, daß wir uns wohl erst mal streiten müssen, um uns wieder vertraut zu werden, wenn wir uns ein, zwei Monate nicht gesehen haben. Am Anfang ist es immer ein bißchen fremd. Es ist ja auch ganz schön schwer, nach so langer Zeit plötzlich wieder zusammenzusein. Die kleinsten Kleinigkeiten geben den Anlaß, das ist manchmal echt bescheuert. Aber dann geht es wieder gut.»

Julia (sechzehn Jahre): «Wenn wir uns das erste Mal wiedersehen an Wochenenden oder in den Ferien, ist erst mal wichtig, daß wir uns ordentlich die Meinung sagen. Wenn wir uns nur zwei Tage sehen, ist das schwierig, weil dann eigentlich gar keine Zeit ist, sich mal die Meinung zu sagen. Man muß sich doch manchmal zanken, um wieder Kontakt zu kriegen zueinander! Im Moment findet sie die Art, wie ich rede, zum Beispiel manchmal zu hochgestochen. Manchmal habe ich so meinen Deutschunterrichtston, Fremdwörter oder so. Das findet sie dann zu hochgestochen. Und darüber ärgere ich mich dann wieder. Man braucht doch viel Zeit, um rauszukriegen, wie der andere sich inzwischen verändert hat, um das dann auch zu bereden. Wenn man mit 'nem Menschen immer zusammen ist, dann merkt man ja gar nicht, daß der plötzlich eine neue Angewohnheit hat. Aber wenn man jemanden vielleicht drei Monate nicht gesehen hat, dann kann einen eine neue Angewohnheit sehr nerven. Dann muß man sich erst mal richtig aussprechen können. Und das können wir meist sehr gut.»

Wie sehen die beiden Freundinnen die andere als Typ? Darüber denkt man ja vielleicht eher nach, wenn man sich mehr aus der Distanz sieht, Veränderungen eher feststellen kann:

Angela: «Über Äußerlichkeiten, was man anhat und so, reden wir eigentlich nicht. Aber wenn ich sie beschreiben sollte, dann so: Sie hat ein ziemlich großes Gesicht, kann man sagen. Dann hat sie unheimlich lange Haare. Also, die sind richtig schön. So schöne, dicke, also richtig tolle Haare, so ganz lang runter. Und dann ist sie auch ziemlich groß. Früher war sie einen Kopf größer als ich, das hat mich immer sehr geärgert. Aber jetzt bin ich fast genauso groß wie sie. Und dann ist sie so 'n bißchen dicklich, hat aber 'ne unheimlich gute Figur! Manchmal schafft sie's abzunehmen, und dann hat sie eine sehr gute Figur. Sie will immer lässig sein, aber ... so vom Aussehen finde ich sie eher weiblich. Aber nicht irgendwie damenhaft. Manchmal tut sie so, aber das stimmt dann nicht. Das machen wir nur aus Quatsch. Manchmal gehen wir weg, beide ganz toll angezogen, zum Beispiel einen alten schwarzen Rock oder ein tolles Kleid, und dann gehen wir Eis essen. Mit Handschuhen und so.»

Julia: «Früher hatte sie längere Haare. Als Schönheit konnte man sie nicht bezeichnen, aber sehr niedlich so. Ich fand's nie so wichtig, wie jemand aussah. Wenn man Menschen das erste Mal sieht, guckt man natürlich anders: Wenn er schön aussieht, nicht so häßlich, dann geht man eher auf ihn zu, als wenn da so 'ne Schreckschrulle mit Knorpel auf der Nase sitzt. Aber wenn man jemanden näher kennt, dann spielt das weniger eine Rolle. Solange ich denken kann, kenne ich Angela ja eigentlich schon.»

Julia kommt schneller auf die sogenannten inneren Qualitäten zu sprechen: «Erst mal ist sie ziemlich intelligent und auch klug. Das heißt, sie denkt auch. Sie ist nicht so ein Mensch, der glaubt, so ist die Welt und so bleibt sie. Ich meine, sie setzt sich ja jetzt auch mit Politik auseinander, sie ist in so einem Friedenskreis, war auch jetzt gerade in Berlin zum UNESCO-Kongreß. So was find ich zum Beispiel toll, daß sie sich einfach für Sachen einsetzt. Oder auch, daß sie nicht so ein angepaßtes Spießerkindchen ist, das nie einen Einfall hat. Sie macht auch Quatsch. Einmal zum Beispiel haben wir in Hamburg eine Straße mit einer Rolle Klopapier abgesperrt: zwischen 'nem Baugerüst und einer Türklinke von irgendeinem Haus. Aber sie ist außerdem jemand für mich, mit dem man gut reden kann. Sie ist die Freundin, mit der ich am engsten über mich, über meine Probleme reden kann. Auch am Telefon.»

Angela: «In manchen Sachen ist sie mir, glaube ich, ziemlich ähnlich. Wir mögen zum Beispiel beide Tiere gern, ich war mit ihr vor kurzem auf einem Reiterurlaub. Und sie hat zwei Hunde, von dem einen hab ich ein Junges. Es gibt aber auch Sachen, da sind wir sehr verschieden: Manchmal beneide ich sie ein bißchen, weil sie immer so viel über griechische Geschichte weiß oder ägyptische und so was überhaupt. Da weiß sie eine ganze Menge drüber, weil sich ihre Eltern auch für Archäologie sehr interessieren.»

Julia konnte mir zum Zeitpunkt unseres Gesprächs darüber, wie sie Angela im Augenblick sieht, nur schwer etwas sagen. Sie verstand sich gerade nicht so gut mit ihr, wie sie sagte:
«Es ist so schwierig, weil ich im Augenblick nur Dinge sagen könnte, wo ich mich tierisch über sie ärgere. Zum Beispiel: Sie ist unheimlich gut in der Schule, also fast nur Einsen und Zweien. Ich steh mehr so Vier, also mehr unten. Und wenn sie mich dann anruft, fürchterlich aufgelöst: Sie versteht Cäsar nicht! Dann könnte ich ihr echt was um die Ohren hauen. Daß sie 'ne Eins in Latein hat und dann mich anruft, wo ich in Latein nur so dahinkrebse mit 'ner Vier, als könnte ich ihr was dazu sagen!
Ja, und ihre Unordnung, wenn sie in mein Zimmer kommt. Ich mag es im Augenblick nicht, wenn in meinem Zimmer alles chaotisch rumliegt. Sie kommt in mein Zimmer und schmeißt alles durch die Gegend! Dann raste ich aus. Da liegt dann plötzlich ein Strumpf und da 'ne Jacke, ein Pullover.
Mich ärgert es, wenn jemand, der besser als man selbst ist, da so ankommt wie sie mit ihrem Latein, als wenn er etwas überhaupt nicht könnte und da total ausrastet. Als ob das nun der Weltuntergang wäre! Daß sie gut in der Schule ist, finde ich toll, trotzdem. Wenn sie zu Besuch kam, habe ich sie früher öfter mit in die Schule genommen. Da hat sie zum Beispiel eine Mathematikarbeit mitgeschrieben und hatte das vorher nicht gelernt und trotzdem eine Zwei

geschrieben. Ich meine, so was finde ich beeindruckend. Und einmal hat sie für mich auch eine Physikarbeit geschrieben.
Bei uns sind, glaube ich, eher Gegensätze. Das einzige, was wir gemeinsam haben, ist eigentlich, daß wir nicht schnell nachgeben. Aber sonst ... Ich meine, ich lese auch viel, wir haben auch beide mal Briefmarken gesammelt, aber wir waren zum Beispiel nie in einer Clique zusammen, in einem Kreis, der zusammen etwas wollte.»

Angela sieht ihre Freundschaft mit Julia als einmalig an und führt dabei einiges auch auf die Entferntheit zurück:
«Ich glaube schon, daß so eine Freundschaft für mich einmalig ist. Ich hab hier in Hamburg auch schon ein paar Freundinnen, aber die sind völlig anders. Hier bin ich eher mal zwei Wochen mit der einen und dann wieder mit 'ner anderen befreundet. Das ist nie so dauerhaft. In der letzten Zeit haben wir natürlich viel über die Trennung von Julias Eltern gesprochen. Die war ganz schön schrecklich. Überhaupt, wenn wir mit unseren Eltern Schwierigkeiten haben, dann klagen wir einander unser Leid. Auch über die Schule natürlich. Ich kann mit ihr am besten über mich reden, ja. Es gibt Sachen, über die kann ich mit Julia reden, aber nicht mit meiner Mutter. Oder, die will ich lieber mit Julia als mit meiner Mutter bereden, obwohl ich mit der viel bespreche.
Seit wir getrennt wohnen in zwei Städten, gibt es eigentlich keine Eifersucht um andere Menschen zwischen uns. In Berlin war das manchmal so, daß Julia mich ärgern wollte und dann mit jemand anderem so auf Show gemacht hat. Dann war ich sauer. Aber seitdem ich in Hamburg wohne, finden wir es beide gut, daß die andere auch eine Freundin in ihrer Stadt hat, weil wir sonst so alleine oft in der Klasse sind. Wir haben uns oft gewünscht, daß wir zusammen in einer Klasse wären und genau wüßten, daß wir uns haben und von diesem Stand aus auch andere Freundinnen suchen könnten. Oder auch sagen könnten: Phh, wenn du nicht willst, dann eben tschüs! Also, daß wir nicht so abhängig von denen sind. Manchmal war ich echt unheimlich traurig, weil ich überhaupt keine einzige Freundin mehr in Hamburg hatte.»

Julia empfindet das ähnlich, und doch wittert sie Gefahren im Zusammensein in einer Stadt:

«Mit einer in meiner Klasse gehe ich zum Beispiel töpfern. Aber das ist nicht so, daß ich mit der groß rede. In der Schule sitzen wir halt nebeneinander und machen vielleicht mal was zusammen, vielleicht mal so ein bißchen rumtratschen, über andere Leute lästern oder so. Aber nicht, daß ich Probleme mit der besprechen könnte. Das kann man schlecht mit meiner Beziehung zu Angela vergleichen. Bei ihr weiß ich schon alles, die kenne ich so wie meine Westentasche. Wie ihre Reaktion ist, weiß ich schon oft vorher. Bei ihr bin ich auch viel ausgelassener. Bei anderen überlege ich mir eher, ob ich nun was sage oder lieber nicht. Die aus meiner Klasse werfen mir immer vor, daß ich zu schweigsam wäre – daß ich zuwenig lachen würde. Mit Angela ist das ganz anders. Die hat eher andere Kritikpunkte an mir. In der Klasse verschieben sich Freundschaften auch sehr schnell. Mit denen, mit denen ich jetzt zusammen bin, bin ich erst seit einem halben Jahr zusammen. Vorher waren es andere. Das ist auch, glaube ich, eine andere Art von Freundschaft in der Schule: okay, man hilft sich manchmal, aber im Endeffekt guckt jeder am meisten doch auf sich selbst. Man ist auch ein bißchen diplomatisch, überlegt sich alles sehr genau. Mit denen aus meiner Klasse kann ich natürlich auch darüber reden, daß meine Eltern sich getrennt haben, wie ich mich zu verhalten habe gegenüber meinem Vater und meiner Mutter. Die geben mir auch Ratschläge. Aber ich weiß nicht, ich erzähle ihnen eben nur die Hälfte. Das kommt ja immer aufs Vertrauen an.

Früher habe ich mir schon gewünscht, daß Angela hier wohnen würde. Aber ich stell mir das jetzt so vor: Solange sie noch in Hamburg wohnt, bleibt das eine feste Freundschaft. Man sieht sich und man bleibt zusammen. Da bin ich mir ziemlich sicher. Wenn sie jetzt aber herkommen würde oder ich nach Hamburg ginge, könnte es schon eher passieren, daß das dann halt Routine wird, daß man sich sieht, aber auch andere Freunde kriegt, sich auch mit denen verabredet. Wenn sie jetzt kommt, dann ist sie der Mittelpunkt für mich. Wenn wir in einer Stadt aber lebten, könnte ich mir vorstellen, daß wir uns einfach mit der Zeit überkriegen würden. Ich meine, man kann ja nicht ewig mit jemandem dicht zusammen sein. Ich kann das jedenfalls nicht haben, da mit jemandem total symbiotisch zusammenzukleben. Ich meine, das würden wir die erste Zeit machen, und dann würden wir anfangen, uns zu zanken. Kann ich mir jedenfalls vorstellen, daß es nicht ewig so geht.»

Angela: «Ich mach sehr gern mit Julia Ferien. Wenn ich mit meiner Mutter und meinem Bruder wegfahre, ist es irgendwie so ... ich mag die unheimlich gern, aber mit Julia ist das was ganz anderes. Mit der kann man die ganze Zeit reden.
Es gibt wenige Seiten von Julia, mit denen ich nicht klarkomme. Aber geschockt war ich, als sie angefangen hat zu rauchen. Ich fand das unheimlich schlimm! Einmal habe ich ihr das auch gesagt, und dann meinte sie: Ja – ich kann aber nicht aufhören. Da war ich unheimlich sauer, weil ich mir immer eingebildet hab, daß sie nicht rauchen darf, wenn ich da bin, zumindest, ja? Weil sie dann eigentlich doch nicht mehr so traurig sein dürfte ... Ich versteh das nicht, deshalb macht mich das auch so sauer. Und – ich war ja nicht dabei, als sie anfing, aber sie raucht jetzt ziemlich viel. Ich glaub, sie macht das nicht aus Angabe, sondern das ist was anderes. Ich glaub, sie braucht das.»

Julia: «Vertrauen ist für mich, daß man keine Geheimnisse ausplappert. Ich kann Angela eigentlich alles erzählen, da habe ich keine Befürchtungen. Sie erzählt nichts weiter, was ich nicht will. Sie wirft mir zwar in letzter Zeit vor, daß ich kein Vertrauen zu ihr hätte. Na ja, ein bißchen mißtrauisch bin ich schon. Allen Menschen gegenüber. Ich muß mich immer erst selbst von etwas überzeugen. Ihr gegenüber bin ich eigentlich nicht mißtrauisch. Aber sie wirft es mir vor. Es betrifft eigentlich nur Kleinigkeiten. Es ist halt so, daß ich nicht alles glaube, was man mir erzählt. Zeig's mir, beweise es mir, nicht? Es sind bei uns ganz blöde Beispiele. Wenn sie mir erzählt, man kann die Bratkartoffeln braten, ohne sie zu kochen. Dann glaube ich das erst mal nicht, gucke erst mal im Kochbuch nach. Und so etwas ärgert sie unheimlich. Daß ich immer sage, wenn sie mir irgendwas erzählt, woher hast du denn das?»

«Wenn wir Freunde hätten, ob das reinfunken könnte?» fragt *Angela* mich beim Interview. Es kommt ihr fast komisch vor. «Nee, das würde ich einfach nicht zulassen! Ich finde es sowieso Quatsch, daß man dann nur noch zu zweit irgendwas macht. Über so was denke ich aber noch nicht viel nach. Ich reiß mir nicht die Beine aus nach einem Freund, nur weil alle einen haben wollen. Wenn ich allerdings so meine Mutter mit ihrem Freund sehe, denke ich, mein Gott, das ist ja ganz anders! Aber ich kann mir das für mich so schlecht vorstellen. Das ist irgendwie so was ganz anderes als 'ne normale Freundschaft.»

Und *Julia* dazu: «Ich hab im Moment keinen Freund. Aber ich könnte es mir auch schlecht vorstellen, daß es da Konflikte mit Angela gäbe. Denn wenn sie hier ist, dann will ich ja jetzt auch keine andere Freundin hier haben.
Ich kann mir gut vorstellen, daß unsere Freundschaft sehr lange dauern wird. Auch nach der Schulzeit noch. Auch wenn es momentan etwas knickst und knackst. Denn sie hält ja schon ziemlich lange.»

«Bei Julia denke ich», sagt *Angela* zum Schluß, «daß ich die niemals nicht mehr mag. Daß ich sie irgendwann nicht mehr mögen könnte, das kann ich mir überhaupt nicht vorstellen. Ich will mir auch gar nicht vorstellen, daß es mal auseinandergehen könnte! Wir schreiben uns oft Briefe, weil Telefonieren zu teuer ist. Und Julia sagte mal, das fand ich so witzig: ‹Also, wenn du mal berühmt bist, dann veröffentliche ich deine Briefe. In einer – wie heißt das? – Biographie über dich.›»

Das Vertrauen schwankt unheimlich

Carola, 25, ist Juristin, hat gerade das erste Examen und wohnt mit drei anderen Frauen in einer Wohngemeinschaft. Die drei Freundinnen sind zusammen mit ihr auch in einer Frauengruppe, in der sie kein Programm haben, sondern über die Sachen reden, die sie gerade interessieren oder die ihnen passiert sind.
Carola ist trotz Frauenwohngemeinschaft und Frauengruppe nicht unkritisch, was Vertrauen unter Freundinnen angeht.

«Es gibt schon bestimmte Dinge», sagt sie mir, «mit denen bin ich auch vor Freundinnen sehr zurückhaltend, weil ich natürlich auch Angst vor Verletzungen hab. Aber nicht, weil ich Angst hab, daß das rumerzählt wird, sondern mehr, weil es so Sachen gibt, bei denen ich mir einfach nicht sicher bin, ob sie das verstehen. Oder – ich sag's jetzt mal: ob das gewürdigt wird. Ob die Freundinnen darauf angemessen reagieren können, ob sie überhaupt was damit anfangen können, was ich erzähle. Und dies Vertrauen schwankt unheimlich, ich weiß gar nicht, wonach sich das richtet. Ich weiß nur, es gibt Zeiten, da bin ich auch in der Frauengruppe offener und erzähle leichter was, auch Sachen, die mir nicht leichtfallen. Und in anderen Zeiten kann ich das nicht. Aber ich weiß nicht, wovon das abhängt.
Mein Schwanken hängt sicher auch damit zusammen, daß ich immer wissen muß, wie die andere gerade drauf ist. Bei meiner alten Freundin Jeannie, die auch mit mir zusammenwohnt, weiß ich zum Beispiel, wenn die selbst unheimlich im Stress war, dann habe ich weniger erzählt. Ich habe mir dann gedacht, vielleicht ernte ich da eine Reaktion, die ich nicht zuwendungsvoll genug finde, das erspare ich mir lieber. Wahrscheinlich hat es aber auch was damit zu tun, wie ich mich gerade fühle: wenn ich mich im großen ganzen in Ordnung finde, dann kann ich auch eher einzelne Punkte erzählen, bei denen ich vielleicht nicht so toll dastehe. Wenn ich aber sowieso das Gefühl habe, ich bin auf allen Gebietn ein Versager, dann laß ich das natürlich lieber.»

Frauen können einander aber nicht nur verletzen, wenn sie unter Stress sind oder Schwäche wittern – sondern ebenso, wenn ihnen eine andere zu sicher, zu gut gelaunt, zu zielstrebig vorkommt.
«In der Frauengruppe ist mir schon mal Coolheit vorgeworfen worden. Sowohl mir allein als auch unserem Zweierauftreten Jeannie und ich. Dominanzvorwürfe sind natürlich auch schon gekommen. Ich hab dazu inzwischen so ein Verhältnis, daß ich schon weiß, daß ich dominant sein kann. Aber teilweise denke ich auch, das ist auch Sache von den anderen Leuten, sich dagegen zu wehren. Oder es ist mir auch egal. Jedenfalls in Arbeitsgruppen denke ich, das Ding muß vorangetrieben werden; und dann sollen die anderen eben was machen und damit meine Dominanz untergraben oder eben mein Vielreden in Gruppen.
Am Anfang hat mich das schon verunsichert, besonders der Coolness-Vorwurf von anderen Frauen. Und Jeannie und ich haben uns darüber unterhalten und uns beide auch erregt über diesen Vorwurf. Aber ich weiß, daß ich nicht cool bin. Und die Frau, die uns das vorgeworfen hat, weiß das auch. Ich nehme das nicht mehr an in so einer Vorwurfshaltung. Denn es gibt unter Frauen auch so eine Haltung: Frauen sind eben lieb und verständnisvoll, gerade zu anderen Frauen. Ja, sie verstehen immer alles, sind immer irgendwie gefühlvoll. Und dem will ich mich nicht mehr unterordnen!»

Nur vom Besten

von

Ruth-Esther Geiger

Meine Lieben! Ihr seid mein Lebenselixier. Gut, das wißt ihr. Aber doch nicht jeder weiß es:
Wir sind uns Musen, Muntermacher, die große Trösterin und: – jedesmal für eine andere Applaus – Austrickserinnen, Schnippchenschlager. Schön!

Der Grundton ist tragisch, das wissen wir.
Doch wir ermuntern uns, zuweilen dem allen eine lange Nase aufzusetzen. Wir ihm.

Natürlich haben wir alle Angst vor dem Absturz. Gratwanderung schafft nicht nur Überblick. Aber wir lassen uns gern hintenüberfallen. Vor Lachen. Nie langweilig, manchmal zu risikofreudig fast. Ihr beeindruckt nachhaltig, um dann wieder alles zu zerstören mit einer großen Peinlichkeit. Wir. Jede an unpassendem Ort. Warum nicht alle zusammen? Wohnen zum Beispiel. Nein!

Angst, alles immer gleich zu sagen. Immer mitzuerleben, was durchs Geschichtenerzählen so offenbar gewinnt. Wie langweilig wäre ohne Telefon und ohne Briefe unsere Mitteilung. Alles würde täglich, selbstverständlich, ohne bündelnde Distanz gesagt. Nie würde es Briefe geben wie Cappuccinomilch, überschäumend, herausgepreßt.
Nie diese Treffen, zu zweit, zu dritt, nach denen uns der Kopf fast weh tut vor Ideen. Nie wäre ich wirklich zu Hause allein.

In aller Kümmerlichkeit, langweilig, mißmutig, verschlafen sich verstecken können: Das brauche ich. Und diese Mittelmäßigkeit – nicht wirklich traurig, nicht gewitzt, die erlebe ich lieber ohne euch, meine Lieben.
Denn die neuen Musen sammeln Kraft. Füreinander. Nur vom Besten ist ihre Devise.

Ich wünsche mir,

daß Frauenfreundschaften nicht Jammerfreundschaften sind, daß sie nicht an Neid und Konkurrenz ersticken, sondern daß sich Frauen gegenseitig ermuntern und stärken und kritisch zueinander sind, ohne sich zu zerfleischen.
Daß Frauen nicht andere Frauen wegen eines Mannes vergessen.
Daß Frauen sich nicht mit Frauen umgeben, nur weil sie Haß- oder Angstgefühle gegen Männer haben.
Daß Männer keine Angst und keine Herablassung mehr gegenüber intensiven Frauenbindungen haben, sondern eine interessierte Gelassenheit. Und: daß sie selbst Männerfreundschaften *und* Freundschaften zu Frauen leben.
Zum Schluß: daß ich irgendwann dahinkommen kann, nicht mehr auf den Unterschieden zu beharren, nicht mehr Sonderthemen wie FRAUEN-Freundschaften zu behandeln. Sondern daß selbstverständlich ist, daß es unter Frauen und Männern sehr unterschiedliche Menschen gibt, die unterschiedlich verteilte Anteile von dem haben, was wir traditionell als männlich und als weiblich gewohnt sind zu bezeichnen.

Über die Autoren

Haberkorn, Ingeborg: geb. 1940; arbeitet als Lehrerin und als freie Autorin. Veröffentlichungen in verschiedenen Anthologien; lebt in Frankfurt.

Hildebrandt, Christel: geb. 1952; promovierte Germanistin, arbeitslose Lehrerin, arbeitet z. Zt. in einer Druckerei und lebt in Hamburg.

Huecking, Renate: geb. 1947; arbeitet als Fernsehredakteurin und freie Autorin; lebt in Hamburg.

Kohlhagen, Norgard: geb. 1941; arbeitete bis 1978 als Redakteurin bei verschiedenen Zeitschriften; lebt seitdem als freie Autorin in Hamburg. Veröffentlichungen u. a.: «Nicht nur dem Manne untertan. Frauen, die die Welt veränderten» (Frankfurt 1981), «Sie schreiben wie ein Mann, Madame! – Von der schweigenden Frau zur schreibenden Frau» (Frankfurt 1983).

Kreis, Gabriele: geb. 1947, lebt als freie Autorin in Hamburg. Veröffentlichungen: «Frauen im Exil – Dichtung und Wirklichkeit» (Düsseldorf 1984).

Küster, Ingeborg: geb. 1909 in Barmen. Seit 1928 Tätigkeit bei der pazifistischen Zeitschrift «Die Menschheit».
Im Juni 1929 Sekretärin der Deutschen Friedensgesellschaft, Zentrale Berlin. Ab 1931 Redaktionssekretärin der Zeitung «Das Andere Deutschland», Besuch der Hochschule für Politik.
1933 Verhaftung des Herausgebers Fritz Küster. Zerschlagung des Büros durch die Nationalsozialisten. Arbeitslos.
Einweisung Fritz Küsters ins Konzentrationslager Oranienburg. Bei einem Besuch Verlobung mit ihm. 1938 nach Entlassung Fritz Küsters aus dem KZ Buchenwald Heirat in Hannover. Zwei Kinder.
Nach 1945 Mitarbeiterin Fritz Küsters bei der neu herausgebrach-

ten Zeitschrift «Das Andere Deutschland». 1952 Mitbegründerin der Westdeutschen Frauenfriedensbewegung und Herausgabe von «Frau und Frieden» bis 1974.
Zahlreiche Veröffentlichungen im eigenen Verlag, u. a. «Was Draußen geschah» (1947) und «Die Frau von Vierzig – Das Mädchen von Gestern» (1949). Zuletzt erschien ihre Autobiographie «Politik – haben Sie das denn nötig?» (Hamburg, 1983).

Rangnick, Winfried: geb. 1949; arbeitet als Lehrer und lebt in Hamburg.

Stein, Gaby: geb. 1957; arbeitet als Texterin in einer Webeagentur und lebt in Bergisch-Gladbach.

Quellenverzeichnis

Norgard Kohlhagen. Warten auf Nele
aus: Meine beste Freundin – Mein bester Freund,
herausgegeben von Margot Lang. Fischer Taschenbuch Verlag, 1982

panther

Eine Auswahl

Wie wirkt Alkohol? Was ist Alkoholismus? Was bedeutet Alkohol für mich? Was verbinde ich mit den Leuten, die keinen Alkohol trinken? Wo sind die Startpunkte in die Abhängigkeit? So lautet ein Teil der Fragen, die die Autoren in diesem Buch beantworten. Sie klären unverkrampft auf, lassen Betroffene zu Wort kommen, untersuchen Voraussetzungen und helfen auf die Beine. Ein Buch zu einem Problem, das aktueller ist denn je. (5405)

Großstadt Lesebuch
Dieses Lesebuch aus Träumen, flüchtigen Augenblicken, Begegnungen, Abenteuern und Stadtstreichereien erzählt von der großen Liebe zu den großen Städten. Es soll durch den Tag und durch die Nacht führen - und verführen. (5381)

Wenn einer im Kino war, er dann nach Hause kommt und ihn dort jemand fragt: «Na, wie war's denn?» Wenn einer dann erzählt, wie es war, was erzählt er? Erzählt er den Film, der im Kino oder erzählt er den Film, der in seinem Kopf abgelaufen ist? Frank Göhre läßt leidenschaftliche Kinogänger ihre Filme und Kinoerlebnisse erzählen. Daraus entstanden ist ein Film aus Worten, eine farbige Collage über die Lust, ins Kino zu gehen (5190)

rororo

pa 2/85

Wolfgang Borchert

Das Gesamtwerk
Laterne, Nacht und Sterne · Die Hundeblume · An diesem Dienstag · Draußen vor der Tür · Gedichte · Nachlaß
Mit einem Nachwort von Bernhard Meyer-Marwitz. Sonderausgabe. 352 Seiten
1 Tafel. Gebunden

Draußen vor der Tür
und ausgewählte Erzählungen. Mit einem Nachwort von Heinrich Böll
rororo Band 170

Die traurigen Geranien
Geschichten aus dem Nachlaß
Mit einem Nachwort herausgegeben von Peter Rühmkorf. rororo Band 975

Wolfgang Borchert
Dargestellt in Selbstzeugnissen und 70 Bilddokumenten von Peter Rühmkorf
rowohlts monographien Band 58

Die Hundeblume/Nachts schlafen die Ratten doch
80 Seiten. Gebunden

rororo

C 9/21